기억 · 서사
Memory / Narrative

KIOKU/MONOGATARI [SHIKO NO FURONTIA]

by Mari Oka

ⓒ 2000 by Mari Oka

Originally published in 2000 by Iwanami Shoten, Publishers, Tokyo.

This Korean edition published in 2024

by GYOYUDANG Publishers, Paju-si

by arrangement with Iwanami Shoten, Publishers, Tokyo.

기억·서사

오카 마리 지음

김병구 옮김

Memory / Narrative

교유서가

차례

일러두기

· 이 책은 岡 真理, 『記憶/物語』를 번역한, 『기억·서사』(소명출판, 2004)를 재출간한 것이다.

· 본문에서 언급하는 햇수는 원서가 출간된 2000년을 기준으로 한다.

· 영화명은 국립국어원의 외래어표기법에 따르지 않고 개봉 당시의 제목으로 통상적 표기에 따랐다.

· 본문의 주는 옮긴이 주다.

서문

기억을 나누어 갖기 위하여

탈 자아타르……,

대부분의 일본 사람에게는 아무런 의미도 없는 소리의 나열에 지나지 않을지도 모른다. 아마 대부분의 세계인에게도 그러할 것이다. 아랍어로 '탈Tal'은 언덕, '자아타르Zaatar'는 향초香草의 시간을 뜻한다. 탈 자아타르를 우리말로 옮기면 '시간의 초목이 무성하게 자라난 언덕'이라 할 수 있다. 이는 레바논의 베이루트 교외에 있는 지역 이름이다.

그 시적 음향과는 반대로 팔레스타인 지역 출신 아랍 사람들에게 탈 자아타르는 사브라Sabla, 샤틸라Shatilla, 데이르 야신Deir Yassin, 크파르 카셈Kfar Kassem 등 그 밖의 많은 말과 마찬가지로 '사건'의 기억이 매우 깊이 스며들어 있는 말이다. 팔레스타인 사람의 신체에 되풀이되어 일어났던 학살이라는 '사건'의 기억, 팔레스타인 사람이 팔레스타인 사람이라는 이유로 끊임없이 당해야만 했던 바로 그 부조리한 폭력의 기억이 아로새겨져 있는 말이다.

사브라와 샤틸라는 베이루트 시내에 있는 팔레스타인 난민 캠프 명칭이다. 1982년 이스라엘군의 레바논 침공과 때를 같이하여 이 두 캠프에서는 레바논 기독교 민병대가 팔레스타인 난민을 학살하는 사건이 일어났다.

　데이르 야신은 예루살렘 근교에 있는 팔레스타인 아랍인 촌락 명칭이다. 1948년 이스라엘 건국에 앞서 유대인 군사 조직이 이 마을 사람들을 학살하는 사건이 일어났다. 남녀노소 불문하고 수많은 사람이 무차별적으로 살해되었고 가까스로 죽음을 면한 사람들은 이웃 마을로 도망쳤다. 이웃 마을 사람들 또한 피신해온 그들에게 학살 이야기를 듣고 언제 닥칠지 모를 학살을 피하기 위해 유대인 군대가 들이닥치기 전에 옷도 갈아입지 않은 채 서둘러 피난길에 올랐다. 나중에는 아무도 없는 텅 빈 마을만 남게 되었다. 유대인 군대가 그들의 마을에 도착했을 때 주인 없는 집에는 아직 사람의 온기가 짙게 남아 있었는데, 냄비 안의 수프가 따뜻했을 정도였다고 한다. 수많은 팔레스타인 지역 사람은 기나긴 자동차 행렬을 이루어 레바논과 시리아, 그리고 요르단과 가자 지역으로 피난을 떠났다. 차가 멈추고 사람들이 쏟아져나왔을 때 그들에게는 밤이슬을 피할 지붕도 없었고 몸을 뉘일 만한 침상 하나 없었다. 그들은 자신들이 '난민'이 되었다는 사실을 깨달았다. 이스라엘 정부는 이들 난민에 대해 이렇게 말했다. "우리는 아무 짓도 하지 않았다. 유대인 군대가 도착했을 때는 이미 사람들이 마을에서 모두 빠져나간 뒤였다. 그들은 자신들의 의지에 따라 마을을 떠난 것이다."

크파르 카셈은 이스라엘에 있는 팔레스타인 아랍인 마을 명칭이다. 1956년 제2차중동전쟁이 발발한 바로 그날 저녁 무렵 이스라엘 군 당국은 마을 사람들의 외출을 금지했다. 그때 밭에서 일하고 있던 남자들은 아직 마을로 돌아오지 않은 상태였다. 해가 저물어 하루의 들일을 마치고 늘 그러했던 것처럼 밭에서 돌아오는 남자들이 마을에 모습을 드러냈을 때 마을 입구에서 대기하고 있던 이스라엘 병사들은 기다렸다는 듯이 그들을 향해 차례차례 사격을 가했다. 그로 인해 50여 명이나 되는 팔레스타인 사람이 죽임을 당했다.

나도 이들 '사건'을 나치가 저지른 유대인 민족절멸정책, 이른바 '홀로코스트'와 동일한 차원의 사건으로 논의하는 것이 적절하지 않다고 생각한다. '나도'라고 표현한 것은 피에르 비달나케Pierre Vidal-Naquet의 견해를 일단 받아들인다는 뜻이다. 역사학자 비달나케는 '홀로코스트'라는 '사건'의 존재를 부정하는 유럽의 역사수정주의 언설의 비판자로 알려져 있다. 1999년 나는 그의 일본 강연회에서 그에게 '데이르 야신'에 대한 기억을 이스라엘의 유대인과 함께 나누어 갖는 문제에 대해 질문했다. 그가 입을 열고 가장 먼저 한 말은 "데이르 야신은 홀로코스트가 아니다. 그것은 19**년 프랑스의 ***라는 마을에서 일어났던(나는 그가 언급한 정확한 연도와 프랑스 마을의 정확한 명칭을 알아듣지 못했다) 학살 사건과 비교할 수 있다"라는 것이었다. 비달나케는 '홀로코스트'라는 사건을 상대화하여 '사건'의 존재 자체를 부정하려고 기도하는 역사수정주의에 대해 '홀로코스트'라는 사건의 유일무비성唯一無比性을 일관되게 강조했다. 원래부터 그가 데이르 야신 (그리고 이 지역에서 일어난 사건을 비롯하여 팔레스타인 사람들이 겪었던 몇몇 사건)의 기억을 이스라엘 유대인이 나누어 가져야[分有] 한다는 사실을 부정하고 있는 것은 아니었다. 그러나 그가 '홀로코스트'를 다른 사건과 비교하여 이야기하는 행위에서 '홀로코스트'의 '사건'성을 부정하는, 역사수정주의가 갖고 있는 위험의 싹을 보고 있음을 강하게 느꼈다. 그것은 회의장에 있었던 한 재일 중국인이 비달나케에게 난징대학살南京大虐殺 '사건'을 부정하는 일본의 역사수정주의에 대한 의견을 청했을 때 그가 보인 반응에서도 두드러지게 나타났다. 나는 왜 그와 같은 질문을 던졌는지 그 질문자의 의도를 조금이나마 헤아릴 수 있었다. 비달나케는 '사건'의 존재 자체를 부정하고 역사와 사람들의 기억에서 그 '사건'을 지워버리고자 하는 역사수정주의자를 '기억의 암살자'라고 비판했다. 그런 그에게서 우리 사회의 '기억의 암살자'와 싸울 수 있는 어떤 실마리라도 잡고 싶었던 것 역시 나 자신의 생각이기도 했기 때문이다.

비달나케는 질문자가 말하는 중간에 그의 발언을 끊으면서 "난징대학살은 '홀로코스트'와는 다르다. 그것은 '홀로코스트'가 아니다"라고 했다. 비달나케는 '홀로코스트'라는 '사건'이 갖는 성격, 즉 그 어떤 사건과도 비교할 수 없는 유일성을 관철시키는 일이야말로 '홀로코스트'라는 '사건'을 부정하는 '기억의 암살자'인 역사수정주의자의 언설에 대한 근원적인 저항인 것처럼 생각하는 듯했다. 그와 동시에 '사건'을 경험한 자에게는 '사건'의 유일무비성, 즉 '사건'이라는 그 자체의 단독성에 관해 그것을 '사건'이라는 하나의 차원에서 말할 수 있는 것이 아닐까 한다. 말하자면 그것은 '사건' 그 자체를 상대화하기 위해 비교하는 일과 다른 것이 아닐까.

과거의 사건을 사회 속에서 어떻게 기억하고 사건의 기억을 함께 나누어 가질 것인가 하는 문제에 대한 일본의 대응 자세는 철저하지 못하다. 아니 그런 자세가 결여되어 있다고도 할 수 있다. 그렇기에 일본 사회에는 역사수정주의자들이 '난징대학살'과 '홀로코스트'는 같은 것이 아니라고 주장하는 현실이 존재한다. 일본의 역사수정주의자들은 홀로코스트를 둘러싼 독일 사회의 대결과 과거 사건에 대한 일본 사회의 대결의 불철저성—또는 대결의 결여—을 서로 비교하여 논의할 수 있다는 점을 이용하여 그런 주장을 펼친다. 똑같은 것이 아니기 때문에, 즉 '사건'으로서 서로 비교할 수 없기 때문에 '홀로코스트'의 기억에 대해 독일 사회가 대결하는 방식과 일본 사회가 '난징대학살'이라는 사건에 대해 대결하는 방식의 차이를 비판할 수 없다는 점이 그들의 논리일 터다.

"난징대학살은 '홀로코스트가 아니다.'" 역사수정주의에 의한 '기억의 암살'에서 '홀로코스트'라는 '사건'이 살아남도록 하기 위해 언급되었던 바로 그 똑같은 말이 다른 '사건'을 부정하고 그 사건의 기억을 말살하려는 자들에 의해 이야기되고 있다. 그들은 '홀로코스트'라는 '사건'이 지닌 그 무엇과도 비교할 수 없는 유일성이라는 속성을 자신들의 주장에 맞게 제멋대로 전유한다. 우리는 '홀로코스트'라는 '사건'의 무엇이 어떤 수준에서 다른 '사건'과 비교할 수 없는 것인가

(아니면 비교할 수 있는가)라는 문제를 엄밀하게 따져볼 필요가 있다 (사브라와 샤틸라 두 난민 캠프에서 학살이 자행되었을 때 그 '사건'의 폭력성을 환기하기 위해 "아우슈비츠, 히로시마, 사브라와 샤틸라"라는 표현이 사용되기는 했지만 우리는 그와 같은 표현이 내포하고 있는 위험성을 가능한 한 자각해야 한다). 나는 '홀로코스트'라는 사건의 유일성을 '사건'이라는 것의 본질적인 유일무비성, 단독성과 동시에 말하는 것, 그리고 그렇게 말할 수 있게 하는 사고의 지평을 찾아내는 것이야말로 바로 역사수정주의의 언설에 저항하기 위해 우리가 긴급히 수행해야 할 과제 중 하나라고 생각한다.

'아우슈비츠'가 '홀로코스트'라는 '사건' 그 자체의 메타포(metaphor, 은유)로 이야기되는 것처럼 앞에서 예로 들었던 일련의 지명 또한 단순히 지도상의 한 지점을 다른 몇몇의 지점과 구별하여 그 장소를 확정하는 정도의 용어─물론 지명이란 것이 원래 그렇기는 하지만─가 아니다. 그것은 팔레스타인 사람의 신체에 일어났던 '사건'의 메타포다. 어쩌면 지명이라는 고유명사는 단독성을 본질로 하는 '사건'을 말하는 가장 짧은 서사일지도 모른다.

하지만 '사건'의 단독성이라는 지평을 생각할 때 '아우슈비츠'는 유대인뿐 아니라 유대인 외의 세계의 수많은 다른 사람에게도 '사건'의 기억을 전달하는 용어로 존재한다. 이에 반해, 팔레스타인 사람에게는 폭력의 기억, 즉 단독적인 '사건'의 기억 자체이기도 한 탈자아타르, 데이르 야신, 사브라, 샤틸라, 크파르 카셈 등과 같은 명칭이 팔레스타인 지역 출신 외의 사람들에게는 그저 무의미한 소리의 나열에 지나지 않는다는 사실이 보여주는 깊은 간극에 우리는 놀라지 않을 수 없다.

유럽의 역사적인 반유대주의, 그 결과로 발생한 수백만 명에 이르는 유럽 유대인의 학살 '사건', 유대인의 죽음에 대한 속죄로 팔레스타인 지역에 유대인 국가 이스라엘이 국제연합의 지지를 얻어 건국되었다는 사실 등 바로 그와 같은 기억이 '아우슈비츠'라는 용어에 내재되어 있다. 그런 기억은 지금까지 수많은 영화나 소설에서 이야기되어왔으며, 심지어 그 '사건'에 대해 말하는 것의 불가능성까지도 이야기되고 있는 실정이다. 그리고 그런 이야기를 통해 '홀로코스트'라는 '사건'의 기억이 전 세계적으로 공유되고 있다. 그러나 팔레스타인 지역에 이스라엘이 건국됨으로써 그 땅에 원래부터 살고 있었던 수십만의 사람들은 어떻게 되었는가. 그들은 토지를 빼앗겼고, 올리브밭과 오렌지밭을 빼앗겼으며, 집과 가족을 빼앗겼고, 인간의 존엄마저 빼앗긴 채 난민이 되어 반세기가 지난 오늘날까지도 난민으로 살아가고 있다. 이런 '사건'이 일어났다는 사실과 그들의 신체에 학살이라는 '사건'이 끊임없이 반복되고 있다는 사실은 거의 알려져 있지 않다. 우리가 그런 일에 대해 알지 못한다는 사실과 그들 지명이 전 세계적인 차원에서 잊히고 있다는 사실은 그 폭력적인 '사건'이 지속적으로 되풀이되어 팔레스타인 사람들의 신체에 재귀하는 것을 가능하게 하는 커다란 요인이기도 하다. 우리는 '홀로코스트'라는 '사건'이 지니는 측정할 수 없는 폭력의 깊이를 상기해야만 한다. 그때 '팔레스타인'이라는 '사건'을 망각하지 않도록 하는 데 기여할 수 있을뿐더러 그 망각의 폭력을 정당화하지 않도록 할 수 있을 것이다. 그렇다면 이것을 가능하게 하는 사고의 회로는 과연 없는 것인가.

여기서 '팔레스타인'에 대해 다루게 된 이유는 내가 현대 아랍문학을 전공하여 아랍 세계와 관계를 맺고 있다는 단순한 이유에서 비롯되었다. '팔레스타인'에 대해 사람들이 잊고 있는 세계의 다른 지역에서 일어난 여러 사건보다 더 많이 다루고 이야기해야 할 특권적인 사건이라고 생각하고 있기 때문은 아니다. 오히려 수많은 폭력적인 사건이 그 기억을 타자와 나누어 갖지 못하고 망각의 어둠 속에 묻혀 사라져버리게 된다는 폭력—현재 일어나고 있는 폭력—에 그대로 노출되어 있다는 문제에 대해 말하고자 할 때 내가 구체적으로 언급하고 이야기할 수 있는 것이 바로 팔레스타인이기 때문이다. 그 '사건'의 존재조차 거의 알려져 있지 않은 '팔레스타인'에 대해 말한다는 그 자체가 무엇보다 의미가 있다고 생각한다. 동시에 '팔레스타인'을 알레고리로 하여 타자와 함께 기억을 공유하는 것에 대해 매우 절망하고 있는 다른 여러 '사건'의 존재를 상기해주기를 바랄 뿐이다.

탈 자아타르. 베이루트 교외에 있는 '시간의 초목이 무성하게 자라난 언덕'이라 부르는 그곳에 팔레스타인 출신 사람들의 난민 캠프가 있었다. 이스라엘 건국이라는 사태 때문에 고향 팔레스타인 땅에서 폭력적으로 쫓겨나온 그들이 난민이 된 지 벌써 30년 가까운 세월이 흘렀다. 갑작스럽게 생활 전체를 잃고 인간이 인간답게 살 수 있도록 해주는 여러 조건을 빼앗겨 난민이 된 사람들은 캠프의 진흙탕 속에서 망연자실하는 것밖에는 별달리 할 수 있는 일이 없었다. 그러나 난민 캠프에서 자란 팔레스타인 신세대—예컨대 자신이 난민이기도 한 팔레스타인 출신 남성 작가 갓산 카나파니Ghassan Kanafani[*] 같은 경우 유 랑을 요람 삼고 가난을 젖으로 하며 성장한 세대라 할 수 있다—는 스스로 총을 들고 팔레스타인 해방투쟁을 시작했다. 레바논 사회에 서 난민으로 차별받고 값싼 노동력으로 착취당하는 그들에게 인민 의 착취를 기반으로 성립한 구체제 아랍 사회를 변혁하는 일 또한 팔 레스타인의 해방과 관련되어 있었다. 탈 자아타르 난민 캠프는 그런 팔레스타인 전사의 활동 거점이 되었고, 동시에 경제적으로 주변화 되어 레바논 국가의 사회 변혁을 추구하는 레바논 빈민층도 그들의 대열에 합류했다.

1975년부터 이듬해인 1976년에 걸쳐 탈 자아타르 난민 캠프는 레 바논의 기독교도 우파 민병대에게 완전히 포위되어 외부와의 모든 연락이 끊겼다. 포탄이 쏟아지는 상황에서 물을 길러 가던 여인들을 대나무숲에 몸을 숨기고 있던 저격병들이 저격했다. 1990년대의 사 라예보를 떠오르게 하는 사건[†]이 20여 년 전 탈 자아타르에서 이미 일어났던 것이다. 그러나 사라예보가 포위당한 바로 그때 사람들이 탈 자아타르에 대한 기억을 상기하고 이야기하지 않은 이유는 무엇 때문일까. 마치 탈 자아타르 포위 '사건' 따위는 한 번도 이 세계에서 일어난 적이 없었다는 듯이 말이다.

---

[*] 갓산 카나파니(1936~1972)는 팔레스타인의 저항문학 소설가이자 팔레스타인인민해 방전선PFLP의 대변인 겸 주간지 〈알 하디프〉의 편집인으로 알려져 있다. 『태양 속의 남자들 Rijal fi al-shams』(1963), 『당신들에게 남은 것Ma tabaqqa lakum』(1966), 『사드 엄마Ummu Sa'ad』 (1969), 『하이파에 돌아와서Aid ila Haifa』(1970) 등의 작품을 남겼다.
[†] '인종 청소'라는 용어로 악명 높은 보스니아 내전(1992~1995) 당시 유고 연방군의 지 원을 받은 세르비아계 극우주의 민병대가 자행한 이슬람교도 학살 사건을 가리킨다.

몇 개월 동안 지속된 포격으로 집들은 모두 파괴되었고 난민 캠프는 부서진 바위 잔해더미로 뒤덮였다. 주민들은 대피소에 숨어 저항을 계속했지만 얼마 지나지 않아 식량과 의약품이 바닥나자 항복하고 말았다. 항복한 팔레스타인 주민이 난민 캠프를 떠나려 할 때 다시금 학살이 자행되었다. 탈 자아타르에서만 4000여 명이 살해되었고 1만 2000여 명에 달하는 주민이 '난민'이 되어 다른 캠프로 이주했다.

나는 '탈 자아타르' '사건'을 팔레스타인 여성 작가 리아나 바드르 Liana Badr*의 소설 『거울의 눈*The Eye of the Mirror*』(1991)을 통해 알게 되었다. 바드르는 탈 자아타르 포위와 학살 사건에서 살아남은 팔레스타인 사람들을 7년에 걸쳐 인터뷰한 끝에 얻어낸 수많은 증언을 토대로 외부와 단절된 탈 자아타르 포위라는 '사건'의 내부 실상을 픽션으로 재구축했다.

『거울의 눈』의 주인공은 열다섯 살의 팔레스타인 소녀 아이샤다 (이름에서 그녀가 이슬람교도라는 사실을 알 수 있다. 아이샤는 이슬람의 예언자 무함마드가 처음 사랑한 아내의 이름이다). 가난한 가족은 아이샤를 베이루트 시내에 있는 가톨릭 계통의 미션 스쿨에 더부살이로 보낸다. 더부살이의 대가로 그곳에서 생도들과 함께 교육을 받을 수 있었기 때문이다. 그러나 팔레스타인 사람들을 대상으로 레바논의 우파 기독교도들이 테러를 일으키자 이를 걱정한 그녀의 어머니는 아

---

* 리아나 바드르(1950~)는 예루살렘에서 태어난 팔레스타인 소설가다. 1979년에 베이루트에서 『해바라기를 위한 나침반*A Compass for the Sunflower*』이라는 첫번째 소설을 출간한 이후 여성, 전쟁, 망명 등을 주제로 한 여러 편의 소설을 발표했다.

이샤를 캠프 안의 집으로 데리고 온다. 이렇게 하여 탈 자아타르에서 수년간에 걸쳐 펼쳐지는 아이샤의 서사가 시작된다. 아이샤는 그곳에서 매우 비장한 '사건'을 경험한다.

1976년 당시 열여섯 살 소녀였던 아이샤. 나는 동요했다. 그것은 나의 일이기도 했기 때문이다. 텍스트 속에서 그 당시 나와 동갑내기였던 주인공의 모습을 발견한 바로 그 순간 20여 년 전의 그 '사건'이 갑자기 직접 내 몸을 압박해오는 듯한 느낌을 받았다. 나는 열여섯 살 때 어디서 무엇을 하고 있었는가. 나는 무심코 자문하지 않을 수 없었다. 포격에 노출되어 있었지만 아이샤가 대피소에서 아이를 낳고 굶주림에 고통받으며 매일매일 죽음의 고비를 넘나들며 부당한 폭력을 견디고 있었던 그때 나는 무엇을 하고 있었는가.

탈 자아타르 난민 캠프의 완전 포위와 학살 '사건'에서 가까스로 살아남은 자들의 증언에 기초하여 쓴 바드르의 소설에는 수많은 인물이 등장한다. 작품은 특정 인물에게 초점을 맞추지 않는다. 주요 등장인물은 물론 주변적인 등장인물들에 이르기까지 그들은 매우 다각적인 시점에서 인간적인 음영을 띤 복잡한 인간상으로 한 명 한 명 그려진다. 또한 사건은 그 세부까지 꼼꼼하게 묘사되고 있으며 살아남은 사람들의 증언과 작가의 뛰어난 문학적 재능을 통해 탈 자아타르 포위라는 '사건'의 '현실'이 리얼하게 재현되어 있다. 나는 바드르의 작품을 통해 탈 자아타르 '사건'에 대해 생생하게 알게 되었지만 내가 그 '사건'의 기억을 더듬기까지, 말하자면 그 '사건'을 나누어 갖고자 하는 일의 단서를 포착하는 데 이르기까지 그 '사건'이 발생한 뒤 20여 년이라는 세월이 필요했던 그 시간의 길이, 지연의 의미에 대해 생각하지 않을 수 없었다.

그러나 '사건'의 기억을 리얼하게 재현, 표상하고 있는 바드르의 소설은 작품 중반에 이르러 그때까지 비인칭 화자를 통해 복수의 시점으로 이야기해온 서사의 서술이 갑자기 변용되어 독자를 혼란에 빠뜨린다. '나'라는 일인칭 화자가 당돌하게도 텍스트에 나타나고 그 '나'의 시점에서 몇 페이지에 걸쳐 서사가 진행된다. 그리고 '나'는 등장할 때와 마찬가지로 당돌하게도 홀연히 텍스트에서 사라지고 서사는 다시 원래의 비인칭 화자로 되돌아간다.

독서과정에서 알게 된 것은 '나'는 외부와 연락이 끊긴 캠프 안의 상황을 상층부에 보고하려고 서베이루트에 있는 팔레스타인 지도부가 파견한 자로 포격이 중단된 틈을 타 캠프 안에 잠입한 인물이라는 사실이다. 진료소에 끊임없이 퍼부어지는 포탄의 충격에 노출된 상황에서도 '나'는 그곳에 모여든 사람들의 이야기를 듣는다. 그때까지 서사를 구성해온 캠프 안의 등장인물들, 그들의 내면의 입장에서 묘사해왔던 바로 그 인물들이 거기에서는 '나'의 시점에서 객체로 묘사된다. 다시 말해 그때까지 그들의 시점에 동일화된 형태로 '사건'을 읽어온 독자는 갑자기 '나'의 시점에서 그들을 조망하고 그것을 통해 그들과 '나' 사이에 어떤 불투명한 거리가 돌연 벌어져 있음을 느끼게 된다.

그때 전사 중 한 사람인 하산이 캠프 안의 위기 상황을 이해하지 못하고 있는 캠프 밖 지도부의 대응 지연을 비판하면서 '나'에게 말한다. "뜨거운 물에 손을 넣고 있는 사람은 찬물에 손을 넣고 있는 사람과 똑같이 느낄 수 없다."

'나'는 지도부를 명쾌하게 비판하는 하산의 솔직한 말에 감명받는다. 그리고 '나'는 자신이 만났던 하산보다 나이가 많은 전사의 지도자들과 하산을 비교하면서 하산으로 대표되는 신세대의 혁명성에 대해 고찰한다. 그들의 이야기는 읽는 사람에게 위화감을 느끼게 한다. 하산의 말을 듣게 된 '나'가 하산을 그때까지 자신이 만났던 지도자들 그 누구와도 같지 않다고 그때 그곳에서 직감적으로 느끼고 있는 사실은 차치하더라도 그 절박한 상황에서 그와 같이 유장하게 고찰할 수 있으리라고는 생각할 수 없기 때문이다. '현실'과 재현된 것 사이에는 시간이 흐르는 속도의 차이와 그에 따른 어긋남이 생기게 마련이다. 아무리 생각해도 그것은 '현재', 즉 그 문장을 쓰고 있는 시점에서 캠프 침입이라는 과거의 사건을 회상하는 문장처럼 읽힌다. 비인칭 화자는 과거형이라 하더라도 지금 일어나고 있는 '사건'의 현재를 이야기한다. 그런데 이에 대해 '나'가 이야기를 서술하는 행위는 '사건'을 과거로 바라보는 시점에서 이루어지고 있다. 그리하여 나의 서술 행위는 이야기의 인칭만이 아니라 이야기의 '시제'를 둘러싸고도 비인칭으로 이야기되는 그 전후의 부분과는 부조화를 이루고 있다. 이것은 도대체 무엇을 뜻하는가.

화자의 인칭 및 서사의 시제가 작품 전체를 통해 일관되게 서술되는 것이 리얼리즘 소설의 관습이다. 그런데 작자는 소설 결구의 정합성, 바로 작품이 따르고 있는 리얼리즘 그 자체를 파괴하는 듯한 시도를 왜 구태여 행한 것일까. 텍스트에 작자가 의도한 이 간극은 무엇을 나타내는가.

'나'는 포위된 캠프 외부에서 캠프 내부로 들어왔다. 그리고 다시 캠프 바깥으로 돌아갔는데, 이는 그때까지 텍스트 이야기 안에 없었던 '나'라는 화자가 텍스트 속으로 들어왔다가 다시 텍스트 바깥으로 나간다는 구조와 서로 병치되어 있다. 이것은 무엇을 의미하는가.

텍스트와 '나'라는 화자의 존재가 캠프와 '나'의 존재와 서로 병치 관계에 있다면 텍스트의 '나'라는 일인칭 화자의 존재가 텍스트와 어울릴 수 없는 이질성을 띤다는 것은 캠프로 들어온 '나' 또한 캠프 안에서 일어나고 있는 '사건'에 대해 일종의 이질성을 환기하는 존재인 것은 아닐까. 이것이 엉뚱한 해석이 아니라는 사실은 앞에서 인용한 하산의 말이 증명한다. "뜨거운 물에 손을 넣고 있는 사람은 찬물에 손을 넣고 있는 사람과 똑같이 느낄 수 없다". '사건' 내부에 있는 자와 외부에 있는 자는 서로 다르다. 이를 극단적으로 말하면 '사건' 외부에 있는 인간은 '사건' 내부의 일을 이해할 수 없다는 것이기도 하다. '나'는 '사건' 내부를 '사건' 외부에 있는 사람들에게 전하려고 캠프 안으로 들어왔다. 그런 '나'가 '사건' 내부에 있는 사람에게서 얻은 것이란 '사건' 내부의 '현실'은 그곳에 있는 자, 즉 그것을 경험하고 있는 사람만이 알 수 있다는 사실이다. 그리고 그것은 '사건' 외부에 있는 사람에게 보내는 비판적 메시지이기도 했다는 사실이다. 그렇다면 우리는 이런 사실을 어떻게 생각해야 할까.

캠프 포위라는 '사건' 내부에 있었던 사람, 그 사건을 경험한 사람만이 이해할 수 있는 '사건'의 '현실'을 내부에 없었던 사람, 즉 작자 바드르가 내부에서 '사건'을 경험한 사람들의 단편적인 증언과 자신의 상상력을 통해 리얼하게 재현한 소설이 무엇보다도 세계 전역으로 흩어진 이산離散 팔레스타인 사람을 위해 쓰인 것임은 틀림없다.

팔레스타인 사람이 팔레스타인 사람이기 때문에 민족적으로 겪어야만 했던 '사건'에 대해 그것을 경험하지 않은 팔레스타인 출신 작가가 그 '사건'의 기억을 나누어 갖기를 바라는 바람을 담아 쓴 소설이 『거울의 눈』이다. 나아가 이 소설에는 팔레스타인 사람이 겪어온 고난의 역사를 지속적으로 망각하고 있는 전 세계 사람들이 이 '사건'의 기억을 공유해주기를 바라는 작가의 절박한 요청도 담겨 있다.

그러나 15년의 세월이 지나 작자가 그 '사건'을 팔레스타인 사람이든 그 밖의 지역의 사람이든 '사건' 외부에 있던 사람들이 공유하기를 바라는 바람을 담아 소설 형식으로 표현했을 때 그녀는 그 텍스트에서 '사건' 외부 사람은 내부 '현실'을 이해할 수 없다는 것, 다시 말해 외부 사람들이 재현, 표상하는 '현실'은 '사건'의 '현실'로서 불완전하다는 사실을 쓴 것이다. 작자의 문학적 상상력을 통해 리얼하게 재현된 '현실'이 설령 리얼하게 보이고 아무리 경험자의 증언을 바탕으로 서술한 것이라 하더라도 그것을 '사건' 그 자체로 받아들여서는 안 된다는 금지 명령을 작자 자신이 직접 텍스트에 써넣은 것이다. 텍스트는 이와 같은 균열을 드러내 보여준다. '사건'의 기억을 타자와 공유하기 위해 이야기된 그 서사가 독자에게 '사건'의 기억으로 읽히는 것에 저항하는 듯한 텍스트의 그 몸짓을 어떻게 이해하면 좋을까.

그러나 한 가지 확실한 것이 있다. 『거울의 눈』이라는 소설을 통해 '탈 자아타르 사건'을 이해하려 한다면 텍스트에 남아 있는 흔적, 즉 그 균열을 드러내 보여주는 '나'라는 존재의 문제로 늘 되돌아가지 않으면 안 된다는 점이다.

'사건'의 기억을 나누어 갖는 것은 어떻게 하면 가능한가. '사건'의 기억을 타자와 나누어 갖기 위해 '사건'은 먼저 이야기되어야만 한다. 전달되어야만 한다. '사건'의 기억을 타자와 공유해야만 한다. 그러나 '사건'의 기억을 타자와 진정으로 나누어 갖는 형태로 '사건'의 기억을 이야기한다는 것은 어떤 것인가. 그와 같은 서사는 과연 가능한가. 존재할 수 있는 것인가. 존재한다면 그것은 리얼리즘이 보여주는 정교함의 문제인 것일까. 하지만 리얼하다는 것은 어떤 것일까. 수많은 물음이 생겨난다.

　다양한 '사건'을 둘러싸고 벌어지는 기억의 항쟁 그 한복판에 서 있는 현재, '사건'의 기억을 공유할 수 있는 가능성에 대해 생각하는 데는 비평적인 의미가 담겨 있다. 이하의 소론小論에서는 이들 문제의 일단에 대해 고찰해보려 한다.

제1부

기억의 표상과
서사의 한계

제1장

기억의 주체

도래하는 기억

나는 '기억'과 '서사'를 둘러싼 이 소론을 나의 기억 하나를 이야기하는 것으로 시작하려 한다.

나는 '기억'에 대해 일찍이 그 불가사의함을 조금이나마 헤아리게 된 경험을 한 적 있다. 어느 날 나는 동네 슈퍼마켓에 진열되어 있는 서양배 주스를 우연히 발견하고 반가운 마음에 나도 모르게 하나를 손에 쥐었다. 예전, 그러니까 15년 전쯤의 일인데, 학생이었던 나는 아랍어를 배우기 위해 이집트 카이로에서 1년 정도 유학했다. 당시 카이로에서 생활할 때 처음 3개월 동안 하숙했던 유고슬라비아 출신

인 마리아 아주머니의 집에서 저녁식사 뒤 몇 번인가 후식으로 서양
배가 나온 일이 있었다.

'서양배 모양의'라는 형용사는 당시에 이미 알고 있었지만 서양배
를 직접 본 것은 태어나서 그때가 처음인지라 나는 '서양배 모양이
이렇구나' 하는 묘한 감동을 받았다. 서양배는 과육의 결이 고왔고 촉
감은 아무래도 일본배보다도 능금에 가까웠다. 하지만 수분을 많이
함유한 과육은 능금보다도 훨씬 부드러웠고 특유의 새콤달콤한 향
내를 풍겼다.

그런데 서양배를 아랍어로 무엇이라 했던가? 나는 주스 상자에 그
려진 서양배 그림을 물끄러미 바라보며 정신을 집중하여 아랍어 이
름을 떠올리려 애썼다. 마리아 아주머니는 기분이 좋을 때면 식사를
내오면서 커다란 소리로 음식물 이름을 아랍어로 외치는 습관이 있
었다. 그것은 마치 영국 귀족 저택에서 집사가 파티에 온 손님의 이
름을 큰 소리로 집 안에 알리는 의식과 비슷했다. "이나브!(포도)",
"론만!(석류)", "밧티브!(서양오이)" ……. 어쩌면 아주머니의 그런 행
동에는 아랍어를 배우는 유학생에게 낱말 하나라도 더 익히게 해주
려는 따뜻한 마음도 담겨 있었을 것이다. 서양배가 제공되었을 당시
에도 틀림없이 마리아 아주머니의 이와 같은 소개 의식이 있었을 것
이다.

나는 주스 상자를 손에 들고 한동안 그 자리에 우두커니 서서 필
사적으로 기억의 밑바닥을 더듬어보았지만 서양배를 뜻하는 아랍
단어의 흔적조차 떠올릴 수 없었다. 생각해보면 그것은 이해하지 못
할 일이 아닐지도 모른다. 왜냐하면 내가 서양배를 먹어본 것은 결국

15년 전 이집트의 마리아 아주머니 하숙집에서 제공된 단 몇 차례에 지나지 않았기 때문이다. 가을이 되어 하숙집에서 나온 뒤 서양배를 내 손으로 직접 사 먹은 적은 없었다. 서양배 철이 이미 끝나버린 탓일지도 모른다. 어쨌든 이집트에서 서양배라는 아랍어를 실제 사용할 기회가 없었다. 그리고 1년 뒤 일본으로 돌아온 바로 그날 십수 년 만에 슈퍼마켓에서 서양배를 다시 접할 때까지 그것을 직접 본 적 없었다. 잊었다기보다는 한 번도 생각하지 않았던 것이다. 나는 이름을 떠올리는 것을 단념하고 그냥 주스를 샀다.

저녁에 냉장고에서 차가운 주스를 꺼내 마셨다. 한 모금 마신 바로 그 순간이었다. 15년 전 이집트에서 먹었던 것과 똑같은 새콤달콤한 서양배 향이 입안과 콧속에 가득찬 그 순간 달콤한 과즙이 스며든 입안 세포 깊숙한 곳에서 마리아 아주머니가 외쳤던 '코메에토라아(서양배)'라는 낱말이 돌연 망령처럼 떠오른 것이었다. 옛날에 단지 몇 차례 들었을 뿐인 그 낱말이 15년간 몸속에서 지워지지 않고 잠자고 있었다는 사실에 나는 충격을 받았다. 잠자고 있었던 기억이 마치 사막의 땅속에 잠들어 있던 바싹 말라버린 씨앗이 봄비를 맞고 돌연 일제히 싹을 틔우듯 서양배 향을 맡고 떠오른 것이었다.

그것만으로도 매우 놀라운 일이었지만 나를 놀라게 한 것은 거기에서 그치지 않았다.

코메에토라아라는 낱말이 몸속 깊숙한 곳에서 용솟음쳐 오른 바로 그 순간 15년 전에 보았던 카이로의 광경이 당시 모습 그대로 생생하게 되살아났다—먼지와 한여름날 매섭게 내리쬐는 햇볕, 타하릴광장, 뒤섞여 울리는 자동차 경적소리, 사람들이 지르는 고함소리,

향신료가 뒤섞인 독특한 냄새, 프랑스풍의 중후한 석조 건축 안의 미끈미끈한 벽이 주는 서늘하고도 차가운 느낌, 고풍스러운 엘리베이터의 묵직한 금속문의 녹냄새, 마리아 아주머니의 하숙집, 책상보의 자수와 방의 장식……. 그리고 염원하던 유학이 성사되어 하루 밤낮의 여행 끝에 간신히 홀로 카이로에 도착했던 그 시절 나의 기대를 한껏 높여주는 기분과 불안이 서로 뒤섞이게 된 센세이셔널한 기분—일찍이 나 자신이 그런 기분을 느끼고 있었다는 사실조차 오랫동안 잊고 있었던 그 기분—이 나의 마음이 괴로울 만치 흔들어놓았다. 나는 소름이 끼쳤다. 프루스트가 『잃어버린 시간을 찾아서』에서 묘사한 저 유명한 홍차에 잠긴 마들렌처럼 서양배의 새콤달콤한 향이 촉매가 되어 15년 전 7월 카이로에서 내가 보고, 듣고, 냄새 맡고, 느낀 그 모든 것이 마치 장난감 상자를 뒤엎어놓은 듯 어수선한 상태로 한꺼번에 현재형으로 넘쳐 흘러나온 것이었다.

그 일은 정말로 불가사의한 경험이었다. 현실에서는 1초가 될까 말까 하는 정말 찰나의 사건일 뿐이었는데, 회귀해온 기억에는 시간적 두께가 있어 복수의 이마주image—다른 시간, 다른 장소의 사건—가 동시에 발생했다. 그 사건은 내 안에서 일어나고 있는 것인데도 나 자신의 감각으로는 내가 예전에 그것을 경험할 때와 마찬가지로 그 사건 한가운데 놓여 있는 듯이 느껴졌다. 그리고 그때 나는 틀림없이 카이로 거리의 시끌벅적한 소리를 들었고, 햇볕에 달구어지고 먼지 낀 대기의 냄새를 맡았으며, 돌의 차가움을 느꼈다. 유뇌론자唯腦論者라면 뇌 기억 회로의 일시적 혼란 현상이라고 설명할 것이다. 프랑스의 문호라면 거기에서 장대한 서사를 풀어냈을지도 모를 일이다.

프루스트와는 비교할 수도 없지만 나는 이와 같은 나의 사소한 '마들렌 체험'—물론 내 경우는 '서양배 경험'—을 통해 기억이라는 것에 대해 무언가를 알게 되었다. 사람이 무언가를 '떠올린다'고 할 때 '사람'이 생각해내는 것이 아니라 기억이 사람에게 도래하는 것이라는 사실이다.

내가 무언가를 떠올릴 때 서술상에서는 틀림없이 '내가' 생각해내는 것이며 '내가' 주체로서 떠올리고 싶은 일에 대해 '떠올린다'는 능동적인 작용을 가하는 것처럼 표현된다. 그것은 과거의 사건이 어딘가에 기록되고 보관되어 있어 마치 녹화된 비디오테이프를 재생하는 것처럼 필요에 따라 적절하게 꺼내어 참조한다는 이미지에 가깝다.

그러나 이 '마들렌 체험'이 시사하는 바는 기억이 다르게 존재하는 방식이다. 기억—또는 기억이 매개하는 사건—은 '나'의 의사와는 관계없이 나에게 찾아온다. 여기에서 주체는 바로 '기억'이다. 그리고 '기억'이 이와 같이 갑자기 도래하는 것에 대해 '나'는 철저히 무력할 수밖에 없고 수동적일 수밖에 없다. 다시 말해 '기억'이란 때때로 나에게는 통제 불가능한 것으로 내 의사와는 상관없이 나의 신체에 습격해오는 것이기도 하다는 사실이다. 그리고 사건은 기억 속에서 여전히 생생하게 현재를 살아간다. 그렇다면 기억의 회귀란 근원적인 폭력성을 숨기고 있는 것이 된다.

잉여와 폭력

미지의 미래를 향해 기대에 부풀어 간 나의 이집트 유학이라는 사건은 지금은 좋은 추억으로 남아 있어 갑작스럽게 떠오르는 그것은 옛 친구와 뜻하지 않게 재회하는 것처럼 즐겁다. 그러나 갑자기 생생하게 되살아난 기억이 늘 그처럼 환영받을 만한 것이라고는 단정할 수 없다. 그때 돌연 되살아난 기억 속에서 나는 분명 카이로에 있었다. 나의 오감五感은 15년 전 내가 경험했던 카이로를 그대로 느꼈다. 나는 정신적 외상trauma을 입은 사람이 이따금 플래시백flashback 현상에 휩싸이게 된다는 사실을 지식으로 알고 있었지만 그것이 의미하는 폭력성은 나 자신의 경험을 통해 미약하게나마 상상해볼 수 있었다.

그것은 단순히 과거에 당한 폭력적인 사건을 떠올리는 것을 뜻하는 것이 아니다. 물론 그것만으로도 매우 유쾌하지 않을뿐더러 고통스러운 일임에는 틀림없다. 하지만 플래시백이란 그 이상으로 기억에 매개된 폭력적인 사건이 지금 현재형으로 생생하게 일어나고 있는 바로 그 장소에 자기 자신이 그 당시 마음과 신체로 느꼈던 모든 감정, 감각과 함께 내팽개쳐진 채 그 폭력에 노출되는 경험이다.

과거 일본군에게 끌려가 '위안부'가 되어야만 했던 한 여성이 겪었던 경험을 기록한 글을 읽은 적 있다. '위안소'에서 탈출을 계획한 다른 여성이 일본군 병사에게 죽임을 당한 뒤 본보기로 불에 태워졌다고 한다. 그 일로 인해 그 여성은 지금도 불에 굽는 고기냄새를 맡으면 그때의 사건이 떠올라 이후 줄곧 불에 익힌 고기를 먹을 수 없었다는 이야기가 소개되어 있었다.

그 여성이 '떠올린다'고 할 때 그녀는 구체적으로 무엇을 떠올리는 것일까. 그 글에서 이야기하는 것은 '위안부' 동료가 일본군 병사에게 살해되어 불태워졌다는 사건밖에 없다. 그러나 정말 그것만일까. 그녀는 정말 그것밖에 말하고 있지 않은 것일까. 물론 명시적인 말로만 보면 그러할 것이다. 그러나 고기가 타는 냄새 때문에 어떤 사건의 기억이 자신에게 회귀해오는 것이라고 그녀가 말하는 것이라면, 즉 가능하면 잊어버리고 싶은 폭력적인 사건이 자신의 의사와는 상관없이 그녀에게 되살아온 것이라고 한다면 그녀는 50년 전 자신이 당한 일련의 폭력적 사건을 기억의 소생과 함께 그때를 살아가고 있는 것이라고 할 수 있다. 그리고 그녀는 그 오감으로써 그 사건을 생생하게 경험하고 있다고 할 수 있다. 고기 타는 냄새가 그녀에게 상기시키는 것은 필시 과거에 친구가 죽임을 당했다는 고통스러운 사실만은 아니다. 그녀 자신이 끊임없이 겪어야만 했던 폭력적인 사건 전체가 50년이라는 세월이 지났음에도 불구하고 '과거'로만 순치할 수 없는 생생한 폭력으로 지금도 여전히 현재형으로 그녀의 신체에 계속하여 생생하게 일어나고 있는 것은 아닐까.

그와 같이 여기는 것은 내가 지나치리만치 깊이 생각한 탓이라고만은 할 수 없다. 이야기되지도 않은 것을 내가 제멋대로 읽으려 하는 것이라고 할 수 없기 때문이다. 요컨대 그것은 단지 나만의 과잉된 상상, 아니 망상은 아닐 것이다.

그러나 명시적인 말로 이야기하는 것을 통해서만 사건의 의미가 확정된다고 한다면 우리는 모든 것을 말로만 이야기해야 할 것이다. 다시 말해 말해지지 않은 것—말할 수 없는 것—은 사건으로서 존재하지 않는다. 그러나 말이라는 것이 무엇보다도 그렇게 만능인 것일까. 무슨 일인가를 말하려 할 때—그리고 그것이 무언가 근원적인 경험일수록—우리가 먼저 느낄 수밖에 없는 사실은 오히려 언어가 완벽하게 자유롭지 못하다는 점일 것이다. 그것이 어떤 사건인지 자기 자신도 잘 이해할 수 없는 경험을 기성의 언어, 기성의 말로 잘라낼 때 무언가 어색하다고 생각한 적 없었는가. 사건이 우리가 가진 말의 윤곽에 꿰맞추어져 잘려나갈 때 우리는 말로 이야기된 사건이 사건 자체보다도 어딘가 축소되어버린 듯하고 어딘가 어긋난 듯한 느낌을 받은 적 없었는가. 우리가 가진 언어의 윤곽 속에 완전히 담기지 않은 채 넘쳐흐르는 사건의 조각—말해지지 않은 사건의 잉여 부분—이 잘려나간 부분에 많이 있는 것은 아닐까.

대부분의 사건에는 시간의 흐름과 함께 바로 그때 말할 수 없었고 또한 말로는 잘라낼 수 없었던 잉여 부분—사건의 조각—이 틀림없이 있기 마련이다. 그러나 그것은 시간 경과와 함께 그 사건을 경험한 당사자조차도 잊어버려 마치 말로 이야기된 것이 사건의 전체인 양 생각되는 경우가 많다. 사건을 언어화하는 일—그때 사건은 항상 과거형으로 표현된다—은 사람이 사건을 '과거'로 길들이는 것은 아닐까. '과거'의 것으로 길들여진 사건은 우리의 기억 속에서 안정된 은거지隱居地를 발견할 것이다. 과거형으로 언어화된 사건이야말로 일반적으로 '경험'이라는 이름으로 불리는 것일지도 모른다. 사람이 주체가 되어 참조하는 기억이란 틀림없이 그와 같다.

그러나 사건은 폭력적으로 사람에게 회귀한다. 사람이 사건을 상기하는 것이 아니라 사람의 의사와는 관계없이 도래하는 사건이 사람에게 그것을 상기하게끔 만드는 것이다. 과연 사건은 말로 이야기할 수 있는 것일까. 다시 말해 사람이 사건을 재현할 수 있는가라는 물음에 대해 왠지 회의적일 수밖에 없는 이유는 무엇보다 앞에서 언급했던 바처럼 언어의 부자유스러움, 즉 언어가 '현실'에 대해 본질적으로 내포하고 있는 어긋남 때문이다. 하지만 그렇다고 그것이 이유의 전부는 아니다. 사람과 사건의 관계에서 사건을 상기한다거나 떠올린다고 할 때 사람은 주체가 될 수 없고 오히려 회귀하는 사건의 압도적인 힘에 철저하게 무력할 수밖에 없는데, 그럼에도 불구하고 왜 사건을 말할 때는 사람이 주체가 된다고 생각하는 것인지 의아하지 않을 수 없기 때문이다.

현재형으로 그리고 폭력적으로 사람에게 회귀하는 사건은 과거형으로 언어화될 수 없는 사건, 단순히 '경험'이라고 말할 수 없는 사건의 잉여가 있다는 사실을 나타내고 있다. 사건이 사람에게 도래하기 때문에 사람이 사건을 상기할 수 없다는 점과 사람이 사건을 말할 수 없다는 점은 아마도 사건과 사건 사이의 관계성에서 볼 때 동일한 것이라 할 수 있다(사람이 사건을 상기하는 것이 아니라 사건이 사람에게 그 자체를 상기하게 만드는 것이라면, 마찬가지로 사람이 사건을 말하는 것이 아니라 사건이 사람에게 그 자체를 말하게끔 하는 것이라 할 수 있다. 이 문제에 대해서는 제2부에서 생각해보기로 한다).

앞에서 언급했던 '위안부' 여성이 경험한 사건이 일어났을 당시의 폭력성이란 그것이 50년이 지난 지금 현재의 폭력으로 회귀하는 바로 그와 같은 사건이라는 점에 있다. 사건과 우리의 삶의 시간은 일치하지 않는다. 항상 현재형으로 회귀하는 사건은 시제가 파괴되어 있다. 그렇기에 그녀가 당하고 있는 폭력의 깊이를 타자가 짐작하기란 결코 쉽지 않다. 이미 과거의 일이 되어버린 사건이라면 우리는 그것을 '경험'으로 말할 수 있다(사건을 과거형으로 언어화하는 것이 그 사건을 '경험'으로 만드는 것이므로 이는 단지 토톨로지tautology*에 지나지 않지만). 여기서 강조하고 싶은 것은 폭력이 만일 현재형으로 지금 일어나고 있는 사건이라 한다면 어떻게 되는 것인가라는 점이다. 우리는 그것에 대해 말할 수 있는 언어를 갖고 있는가. 폭력의 한가운데서 우리는 과연 소리 없이 신음소리를 내는 것 외에 무엇을 할 수 있는가. 눈앞에서 일어나고 있는 폭력은 그 사건의 한가운데 있는 사람이 이야기할 수 없다. 그들은 다만 사건 속에서 살아갈 뿐이다. 언어로 말할 수 있는 것은 항상 사건 속의 말할 수 있는 부분, 즉 그 의미에 대해 우리가 이미 말을 통해 알고 있는 부분뿐인 것은 아닐까. 그렇다면 우리가 부조리하게 당한 폭력—부조리한 것이 폭력의 폭력인 이유이기도 하지만—은, 우리가 거기에 '의미'를 부여할 수 없는 사건의 폭력성은 이중으로 그것에 대해 이야기할 수 있는 말을 우리에게서 빼앗는 일이 될 것이다(내가 여기서 염두에 두고 있는 것은 나치의 절멸 수용소에서 수용자가 당할 수밖에 없었던, 철저하게 무의미한 죽음과 같은 부조리한 사건이다).

폭력적인 사건에 대해 이야기할 수 없다는 점에서 그 사건이 지닌

---

* 같은 말을 쓸데없이 반복하는 어법.

폭력성의 핵심이 존재하는 것과 같은 '사건'에 대해 우리는 어떻게 하면 그 '사건'의 기억을 타자와 나누어 가질 수 있을까.

제2장

사건의 표상

소설이라는 이야기

소설은 근대 유럽에서 발전한 문학 형식이다. 소설의 융성과 더불어 '서사'라는 종래의 이야기 형식은 소설로 대체되었지만 이야기 형식 면에서 '서사'와 '소설'은 몇 가지 뚜렷한 대조를 보인다.

'서사'는 공동체라는 하나의 작은 세계 속에서 그 공동체에 귀속된 사람들이 공유하는 것이 일반적이다. 그리고 '서사'는 대개 화자의 모어母語로 전달된다. 동시에 그것은 청자의 모어이기도 하다. 따라서 지역이 다르면 '서사'를 전달하는 언어도 다를 것이다. 한편, 소설은 하나의 동일한 텍스트가 지역 및 공동체 경계를 넘어 계층과 젠더, 그리고 언어를 달리하는, 여러모로 차이가 나는 이질적인 독자가 읽는다는 특징이 있다.

'언어를 달리하는 독자'라는 말에는 몇 가지 의미가 함축되어 있다. 첫째, 이는 소설이 다른 언어로 번역되어 외국에서도 읽힌다는 사실을 뜻하지만 그것만은 아니다. 소설이 번역된다는 것, 그리고 원저와 다른 언어로 다른 국가의 사람들이 읽는다는 것은 오늘날의 우리에게는 자명한 사실로 여겨진다. 그러나 정말 그러할까. 소설은 왜 번역이 가능하며 어찌하여 세계 각지에서 언어와 문화를 달리하는 사람들에게 동일한 작품으로 읽히는가. 소설이 지닌 이런 번역 가능성의 문제는 새삼 다시 고찰할 필요가 있는 중요한 문제라고 생각하지만 그 문제는 일단 접어두기로 하자.

근현대의 역사, 특히 식민주의 역사는 소설이 다른 언어로 번역되지 않고 원어 그대로 다른 언어를 모어로 하는 사람들에게 읽힌다는 사태를 가능하게 했고, 동시에 그들이 모어 외의 언어로 소설을 쓸 수 있다는 사태를 촉진했다(내가 여기서 떠올리는 것은 들뢰즈와 가타리가 말한 '소수적 문학'에 대한 논의*다).

더욱이 '서사'는 독자의 모어, 다시 말해 독자에게 신체화된 언어로 이야기되는 데 반해, 소설의 언어는 다수의 독자에게 '모어'가 아니다. 소설의 언어는 학교교육을 통해 습득한 문어文語이며, 이처럼

---

* 들뢰즈와 가타리가 말한 소수적 문학이란 소수적 언어로 된 문학이라기보다는 다수적 언어 안에서 만들어진 소수자 문학이다. 예컨대 독일어로 작업하는 유대인의 작품이나 이 책의 저자가 '기본 문헌 안내'에서 예로 제시한 이양지의 소설 『유희遊戱』처럼 일본어로 작업하는 한국인의 작품이 소수적 문학에 해당한다.

소설의 언어가 모어와는 또다른 언어라는 점에서 소설은 언어를 달리하는 자들이 읽을 수 있는 것이다.

근대시대에 소설이 융성하게 된 데는 여러 복합적인 요인이 있을 것이다. 복사물을 한꺼번에 대량으로 제작하는 데는 그것을 가능하게 하는 제지기술과 인쇄기술이 필요했을 것이다(그러려면 당연히 원재료 확보와 자본이 필요하다). 또한 완성된 작품을 상품으로 국내외 지역에 유통하기 위한 다양한 시스템도 필요했을 것이다. 그리고 하나의 지역 및 공동체를 뛰어넘어 모어를 달리하는 사람들에게 작품을 읽히게 하려면 그들이 공유하는 통일된 언어는 필수 불가결하며, 동시에 그와 같은 통일된 언어를 공유하는 독자가 필요하다.

근대적인 국민국가 건설 요청을 뒷받침하는 근대교육 제도가 '국어'임을 아이들에게 가르치고 그것을 철저하게 신체화했다. 그와 같은 언어를 자기 언어로 내면화한 사람들이 '국민'을 형성한다. 소설이라는 문학 형식은 소설을 소설로서 가능하게 한 이들의 내재적·외재적 주요 요인 때문에 근대의 국민화, 국민국가화 문제와 밀접하게 관련되어 있다. 물론 그것은 소설이라는 문학 형식이 처음부터 내셔널리즘에 물들어 있다는 사실을 의미하는 것은 아닐 터다.

소설은 소설이라는 허구의 공간에 '세계'를 구축한다. 에드워드 사이드Edward Said†는 "왜 이슬람 세계에서는 '소설'이라는 문학 형식이 탄생할 수 없었는가"라고 자문하며 그 물음에 대해 다음과 같이 자답한다. 이슬람교도에게 세계 창조란 신에게만 귀속되는 행위이며 피조물인 인간이 신이 창조한 세계와 다른 세계를 창조하거나 상상하는 일은 '비드아bid'ah(이슬람에서 벗어난 행위)'라고 생각했기 때문이다.

'세계'를 소설로 구현할 때 우리는 세계를 부감俯瞰하는 시점에 자신의 시점을 동일화하지 않으면 안 된다. 세계를 내려다보는 시점, 그것은 바로 신의 시점이다. 신의 시점에서 신이 창조한 이 세계와는 다른 세계를 구상하는 일—그것은 분명 경건한 이슬람교도라면 신에 대한 피조물의 불손한 도전으로 비쳤을 것이다. 그렇다면 소설이란 본래 신과의 긴장관계를 내포하고 있는 것이 된다.

근대 서양에서 신이 쇠퇴함과 더불어 소설이 번성하게 된 것은 우연이 아닐 터다. 하지만 신이 없는 세계, 즉 인간 중심의 세계에서 사회를 부감하고 인간이 구성한 다양한 공동체를 초월하여 사회를 객관적으로 파악하는 시점, 그 메타 차원의 시점은 누구의 시점인가. 반드시 동일하지는 않을지라도 그것은 '국가'의 시점에 매우 가까운 것이 아닐까.

소설을 가능하게 만드는 조건이 국어의 성립, 국민의 형성 등을 핵심으로 하는 국민국가 건설 요청과 역사적으로 불가분의 관계를 맺고 있으며, 또한 소설의 세계를 허구화하는 시점이 국가의 시점과 매우 가까운 것이라 해도 그것만으로 소설이 반드시 내셔널리즘과 공범관계에 있다고 단정할 수는 없다. 그러나 적어도 소설이라는 문학

† 에드워드 사이드(1935~2003)는 팔레스타인 출신의 미국 영문학자이자 문학평론가로 활발히 활동했다. 특히 서구인들의 동양관을 비판해온 대표적인 학자로 꼽힌다. 1978년『오리엔탈리즘Orientalism』을 출간하면서 세계적인 명성을 얻기 시작했는데, 이 책은 서구인들이 말하는 동양의 이미지가 그들의 편견과 왜곡에서 비롯된 허상에 지나지 않는다는 점을 체계적으로 비판한 명저로 평가받는다. 『문화와 제국주의Culture and Imperialism』, 『도전받는 오리엔탈리즘The Crisis of Orientalism』, 『세계, 텍스트 그리고 비평가The World, the Text, and the Critic』, 『지식인의 표상Representations of the Intellectual』, 『에드워드 사이드 자서전Out of Place』 등을 남겼다.

형식이 소설을 소설답게 만드는 여러 조건 중에서 내셔널한 경험, 내셔널한 계기가 이미 쓰여 있다는 점에 대해서는 정확히 확인해둘 필요가 있다(여기서 '소설'을 '영화'로 바꾸어 말해도 가능할 것이다).

또한 근대는 소설이라는 문학 형식을 가능하게 했을 뿐 아니라 근대시대 자체가 소설적인 이야기를 요청한 것이 아닐까. 근대에 들어서 사회가 경험한, 급격한drastic 변용. 국민국가 사이에서 발생하는 전쟁에 국민 전체가 불가피하게 휘말리게 된다. 식민주의의 침략에 의해 조국에 있으면서도 자신들이 귀속한 땅에서 소외되고 또 자신들에게 귀속되어야 할 대지大地에서도 소외되는 부조리한 상황. 근대시대가 자신들이 귀속한 대지에 살고 있는 인간들에게 초래한 정신적 외상. 그 부조리함 때문에 언어로 명명되고 '경험'으로 치부되어 과거로 내던질 수밖에 없는 '사건'의 폭력. 그처럼 말로는 전달할 수 없는 경험, '사건'을 서사로 이야기하라는 시대의 요청을 소설은 스스로 떠맡은 것은 아닐까. 바꾸어 말하면 소설의 말하기는 그런 사건의 불가능한 나누어 갖기의 가능성을 내세우고 있는 것이 아닐까.

그러나 이는 언어로 이야기할 수 없는 사실이 소설이라면 언어로 이야기하는 것이 갑자기 가능할 수도 있다는 뜻이 아니다. 오히려 여기서 시사하고 싶은 점은 그것과는 반대의 것이다. '사건'이 본질적으로 내포하고 있는 성격, 즉 재현되는 것의 불가능성을 어떻게든 이야기함으로써 소설은 거기서 언어로는 재현할 수 없는 '현실'이 있다는 사실, 말하자면 '사건' 그 자체의 소재를 가리키는 것이 아닐까. 만일 모든 사태가 언어로 설명할 수 있는 것이라면 소설이라는 문학 형식을 반드시 써야만 할 치명적인 필요성도 없을 것이다.

표상할 수 있는 현실의 외부

앞에서 언급한 '마들렌 체험'을 앞과 같은 문맥에서 생각한다면 여기서는 오히려 프루스트보다는 발자크가 떠오른다.

나는 발자크의 단편소설 「아듀*adieu*」가 기억을 잃은 여인의 신체에 분류奔流가 되어 회귀하는 기억 또는 그 기억이 매개하는 '사건'—이 경우 여인이 경험한 사건으로서의 전쟁이라 할 수 있다—을 나누어 갖는 것의 (불)가능성을 그린 작품이라고 생각한다.

서사의 줄거리는 대략 다음과 같다. 필립 드 슈시 대령은 사냥하러 나선 길에서 광기 서린 한 여인과 우연히 마주친다. 그 여인은 '아듀(안녕)'라는 단 한마디만 할 뿐이었다. 그러나 그 여인은 과거 필립의 연인이었던 스테파니 드 방티에르 백작부인이었다. 스테파니는 나폴레옹전쟁에 종군하게 된 필립을 따라 러시아까지 갔지만 프랑스군이 패퇴를 거듭하면서 일행은 러시아군에 포위당했다. 그들은 얼어붙은 베레지나강 건너편으로 건너려 했다. 그러나 나룻배에는 두 사람이 탈 자리밖에 없었다. 필립은 스테파니와 그의 남편 방티에르 백작을 배에 태우고 자신은 강가에 남는다. 나룻배에 오른 스테파니가 필립을 향해 외친 마지막 말 한마디가 바로 '아듀'였다.

그러나 방티에르 백작은 나룻배에서 강으로 떨어지고 스테파니가 보는 앞에서 떠내려오는 얼음덩어리의 날카로운 부분에 목이 잘려 죽는다. 스테파니도 적군에게 붙잡혀 2년여 동안 적군 부대 병사들의 위안부가 되어 이리저리 끌려다닌다. 몇 년 뒤 스테파니가 큰아버지에게 발견되었을 때 그녀는 발가벗겨진 채로 이미 정신을 완전히 잃은 상태였다.

필립은 사교계의 꽃이었던 스테파니가 지금은 반짐승처럼 되어 연인이었던 자신도 알아보지 못하는 데 큰 충격을 받는다. 필립은 그녀의 기억을 되살리려고 그녀의 치료에 매진하지만 실패한다. 그가 마지막으로 택한 방법은 겨울 러시아 평원과 베레지나강을 모방한 장대한 세트를 만들어 두 사람이 이별하는 장면을 그날 그대로 재현하는 일이었다. 닳아서 해진 군복을 입은 농민들이 외치는 고함소리는 바로 뒤쫓아오는 러시아 병사의 외침이었다. 그 정경 속에 몸을 두고 냇가에 떠오른 나룻배를 본 스테파니는 기억을 되찾는다. 그리고 연인 필립의 모습을 똑똑히 확인하자마자 '아듀'를 외친 바로 그 순간 그녀는 죽어버리고 만다.

쇼샤나 펠먼Shoshana Felman*의 탁월한 분석에 따르면 필립에게 스테파니의 기억을 되살리는 일은 그녀를 다시 한번 그의 기억 속에 있는 우아한 귀부인의 이미지에 합치시키려는 것이며 귀부인인 그녀에게 연인이었던 자신을 연인으로 인지시키는 일이었다. 필립이 스테파니의 기억을 되살리려고 한 것은 자기 자신을 위한 것, 즉 나르시시즘적인 자기 인식의 욕망 때문이었다고 펠먼은 설명한다. 그렇다면 기억을 되살린다는 것은 스테파니 자신에게는 어떤 일이었을까. 그것을 알게 된 순간은 그녀가 기억을 회복한 바로 그때다.

필립이 의도한 대로 충실하게 재현된 '현실' 속에서 스테파니는 현

---

* 쇼샤나 펠먼은 예일대학의 불문학·비교문학 교수로 『여성과 광기Women and Madness』에서 철학 사상에 현존하는 여성/남성 또는 광기/이성의 이분법적 대립을 분별해내고자 한다.

실세계로 회귀한다. 아니, 그 반대다. '현실'이 스테파니에게 회귀한 것이다. 텍스트는 그 '현실'이 어떤 것이었는지에 관해 아무것도 이야기하지 않는다. 스테파니는 그저 '아듀'라고 말하고 숨을 거두었을 따름이다.

스테파니가 경험한 '전쟁'의 폭력성은 그 사건의 당사자이자 유일한 경험자인 그녀에게는 말할 수 없는 것으로 그려진다. 그 '사건'이 가하는 폭력에서 육체가 오랫동안 살아남게 하기 위해 그녀는 자신과 자신의 몸에 일어난 일 모두를 잊어버려야만 했다. 그녀는 철저히 망각했다. 정신을 잃은 그녀는 짐승처럼 행동하여 필립을 한숨짓게 만들었지만 여인이라는 젠더화[性化]된 마음과 육체가 당한 폭력에 대해 무감각해지려면 필연적으로 여성이라는 성 자체를 잊어야만 했을 것이다(필립을 무엇보다도 더욱 참기 힘들게 만들었던 것은 스테파니의 이런 망각이다).

스테파니가 자신의 기억을 되찾았을 때 그녀는 틀림없이 다시 한번 필립을 절망하게 했던 그 옛날 우아한 귀부인의 몸과 마음을 가진 존재로, 즉 '여자'로 되돌아왔음이 분명하다. 그러나 동시에 그것은 남자들의 욕망과 폭력에 육체를 유린당한 '사건'의 기억과 불가분의 관계를 맺는 것이기도 하다. 의식이 '사건'을 거부함으로써 육체는 그 폭력적인 '사건'에서 가까스로 살아남았지만 '사건'의 폭력성이 또다시 의식으로 회귀했을 때는 육체가 그것을 단호히 거부한 것이다.

스테파니가 경험한 '사건'이 비참하고 참기 힘든 일이었으리라는 사실은 누구라도 금세 헤아릴 수 있다. 그러나 그것이 얼마만큼 폭력적이며 얼마나 비참한 것인지, 그와 같은 폭력을 육체가 감내한다는 것은 말 그대로 폭력을 당한 사람에게 어떤 것인지, 한마디로 그 '사건'이 사건의 본질로서 그 '사건'을 당한 사람에게 도대체 어떤 사건인지 등을 어떻게 하면 알 수 있는가. 어떤 폭력적인 '사건'의 본질이 그 폭력의 크기와 깊이를 헤아릴 수 없다는 데 있는 것과 같은 사건, 당사자가 당사자이기 때문에 언어를 잃을 수밖에 없는 '사건'을 어떻게 하면 타자와 나누어 가질 수 있을까.

소설이라는 형식이 픽션(허구)이기 때문에 이처럼 이야기할 수 없는 것을 전달할 수 있는 가능성을 숨기고 있는 것일지도 모른다. 그러나 소설이 말할 수 없는 것을 이야기한다고 하더라도 그것은 소설이라는 허구세계가 '현실'을 충실하게—리얼하게—재현할 수 있다는 뜻은 아니다(그렇게 생각한다면 우리는 필립과 똑같은 과오를 범하게 될 것이다). 오히려 '아듀'라는 텍스트가 보여주는 것은 그런 근원적인 폭력의 리얼리티가 원리적으로 우리가 재현·표상할 수 있는 현실의 외부로 항상 흘러넘쳐난다는 점이다.

1830년에 발표된 발자크의 소설 「아듀」가 사실 흥미로운 점은 나폴레옹전쟁을 소재로 폭력과 기억, '사건'의 표상 (불)가능성, 전쟁과 젠더 등 오늘날 활발히 논의되고 있는 다양한 문제를 이미 다루고 있다는 사실이다.

전쟁이란 무엇인가. 전선에 있는 전사들이 벌이는 전투만 전쟁이라 할 수 없다. 병사들뿐 아니라 사람들은 각자 위치에서 전쟁의 폭력을 경험한다. 그 경험의 전체가 '전쟁'이라는 하나의 커다란 '사건'의 형태를 이룬다. 「아듀」라는 작품은 전쟁이라는 폭력적인 '사건'에 젠더화된 개별적 폭력의 '사건'이 존재함을 세부적으로 그리고 있다. 물론 전쟁에서 비참한 일을 겪는 여인을 문학작품에서 다루는 것 자체는 진기한 일이 아니다. 그러나 「아듀」는 그 경험을 경험으로 재현할 수 없으며, 그래서 그것을 표상 불가능한 '사건'으로 지시한다. 「아듀」의 중심 서사는 전쟁이라는 '사건'의 중심 부분을 구성하는 남성 병사들이 벌이는 전투라 할 수 있으며 그 안에 젠더화된 개별적 폭력의 사건이 부수적으로 발생하고 있다. 그러나 「아듀」에서 젠더화된 개별적 폭력은 그와 같은 중심 서사를 주변에서 보완하는 에피소드가 아니다. 오히려 그것은 그 '사건'의 단독성, 그 안에서 일어난 폭력이야말로 전쟁이라는 '사건'이 지니는 폭력의 본질임을 입증하는 '사건'으로 시사되고 있다. 그것도 그 '사건'의 '현실'을 재현하는 것이 불가능하다는 방식으로 표현되어 있다.

전쟁이라는 '사건'을 묘사한 조각 그림 맞추기 퍼즐jigsaw puzzle에는 반드시 퍼즐 조각이 빠진 부분이 존재하기 마련이다. 그렇게 결락되어 있는 부분을 꼭 맞는 형태의 조각으로 채운다면 퍼즐은 완성될지 모른다. 그러나 거기에 묘사된 전쟁이라는 '사건'은 오히려 불완전한 것이 될 수밖에 없다. 왜냐하면 완성된 그림 조각은 그것이 완성된 것이기에 거기에 표상되지 않은—표상될 수 없는—'사건', 또는 '사건'의 잉여가 있다는 사실을 은폐하기 때문이다.

「아듀」라는 작품이 뛰어난 것은 재현할 수 없는 전쟁이라는 사건의 '현실', 말할 수 없는 폭력의 경험에 대해 다루지만 그것을 통해 이미 이야기되고 사회적인 기억으로 공유되는 전쟁이라는 사건을 보완하는—즉 세부의 결락 부분을 보완하고 전쟁의 전체상을 완성하는—것이 아니라 오히려 그것과는 전혀 다른 경험으로 전쟁이라는 '사건' 자체를 다시 썼다는 데 있다.

서사의 시작 부분에서 전쟁은 이미 몇 년 전에 끝났으며 친구와 사냥을 하러 나선 필립에게 전쟁터에서 경험한 여러 비참한 사건—그중에는 연인 스테파니와의 비극적인 이별도 포함되어 있다—은 이미 과거의 사건이 되어 있다. 그러나 그곳에 돌연 과거의 연인 스테파니가 나타나 필립은 그녀와 생각지도 않은 재회를 한다. 생각지도 않은 재회, 그것은 마치 돌연 도래하는 '사건'의 기억과도 같은 것이 아닐까. 그러나 그때까지는 아직 스테파니가 기억을 잃은 상태였기 때문에 필립이 회귀하는 '사건'의 폭력에 그녀의 육체를 노출시킨 것은 아니었다. 스테파니가 유일하게 입에서 내뱉은 '아듀'라는 말은, 말하자면 스테파니가 경험한 폭력적인 '사건'의 흔적, 기억의 잔재지만 필립은 그것을 볼 수 없다. 그가 보고 있던 것은 그 자신의 기억, 분명 우아한 귀부인이었을 스테파니 '본래의' 모습이었다. 펠먼에 따르면 그것은 필립의 나르시시즘적인 자기상을 비추기 위한 거울에 지나지 않는다. 바로 그런 이유로 눈앞에 있는 스테파니가 보여주는 '현실의' 모습, 그녀가 지닌 '본래의' 모습과는 너무나도 거리가 먼 모습은 필립에게 충격을 줄 수밖에 없었다.

스테파니의 기억을 되살리기 위해—다르게 표현하면 자신의 나르시시즘적인 욕망을 성취하기 위해—필립은 과거를 충실하게 재현한다(여기서 시사하는 것은 과거의 충실한 재현—사건의 리얼한 표상—이 나르시시즘적인 욕망과 공범관계에 있다는 사실이다). 그러나 그는 어떻게 과거를 재현할 수 있었을까. 그것도 매우 흡사할 만큼 충실하게. 그가 돈으로 인부를 고용하여 세트를 만들었다면 이는 그가 과거의 사건을 상기할 수 있다는 것, 타자에게 그것을 설명할 수 있는 언어가 있다는 것, 바꾸어 말하면 전쟁이라는 사건도, 스테파니와의 이별이라는 사건도(그리고 그와의 이별 뒤 필시 그녀가 홀로 여인으로 당할 수밖에 없었던 여러 사건도) 그에게는 아무런 상처도 남기지 않은 채 이미 하나의 과거 일화가 되었기 때문에 그렇게 할 수 있었던 것은 아닐까. 그러나 그가 준비한 세트에서 그가 의도했던 대로 스테파니는 기억을 회복하지만 그 때문에 그녀는 뜻하지 않은 죽음을 맞는다. 이 사건에서 필립은 전쟁이라는 '사건'의 끝날 수 없는 폭력 한가운데 홀로 남겨지게 된 것이다. 스테파니의 정신적 외상이 필립에게 전이된다. 그 뒤 필립은 그 '사건'과 어떤 결착도 보이지 않고 자살해버리는데, 그 죽음은 사교계의 한 부인을 놀라게 할 만큼 충격적인 사건이었다. 마치 스테파니의 죽음을 반복하듯 이와 같은 필립의 자살 때문에 스테파니의 죽음이라는 부조리한 '사건'은 독자가 납득할 만한 설명 없이—무릇 필립에게 연인의 죽음이 설명될 수 있었다면 그는 자살할 필요도 없었을 것이다—필립에 의해, 비인칭 화자에 의해 서사 속에 방치됨으로써 필립의 정신적 외상이 독자에게 전이된다. 스테파니가 겪은 전쟁이라는 폭력적인 '사건'은 서사 내부에서는 완결되지 않는다. '사건'은 완결되지 않은 채 독자의 정신적 외상으로 이어진다.

「아듀」라는 작품을 읽는 일은 그 자체가 하나의 '사건'인 셈이다. 이 작품을 읽는 독자는 전쟁이라는 사건을 '알게 된다.' 또한 독자는 전쟁이라는 사건을 지금까지 자신이 알고 있다고 생각하고 있었지만 실은 모르고 있었다는 사실을 알게 된다. 그러나 전쟁이라는 사건에 대해 무엇을 알게 된 것인가. 그 내용에 대해서는 말할 수 없다. 의미도 없이 '아듀'라는 말만 되풀이하는 광기의 여인이 이윽고 기억을 되찾는 바로 그 순간 죽어버렸다는 사건 외에는.

　제목이 된 '아듀', 실성한 스테파니가 반복하는 이 말이야말로 '사건'의 흔적이다. 흠집이 난 레코드가 하나의 음만 반복하는 것처럼 의미 없는 '아듀'를 되풀이하는 스테파니. 이야기하고 있는 자는 누구인가. 스테파니가 말하고 있는 것인가. 아니면 말이 스테파니에게 이야기하도록 하는 것인가. 의미를 매개하지 않는 이런 공허한 낱말인 '아듀'가 독자의 정신적 외상을 형성한다.

　스테파니가 반복하는 '아듀'라는 말을 듣고도 필립이 '사건'의 흔적을 발견하는 데 실패한 것은 그가 자기 자신의 기억, 환상을 투영하고 있었기 때문이다. 펠먼은 소설 「아듀」를 논의한 문학비평가들이 종래 그 소설을 작중에서 리얼하게 표현된 전쟁터 광경을 통해 전쟁이라는 사건을 리얼하게 재현하는 데 성공했다고 평가해온 사실을 소개하면서 그들도 자신들의 환상, 즉 전쟁이라는 폭력적인 사건이 리얼리즘에 의해 재현 가능하다는 환상—그리고 그것은 앞에서 지적한 바와 같이 나르시시즘적인 욕망과 무관하지 않다—을 작품에 투영함으로써 스테파니의 광기에 체현된 '사건'의 흔적을 발견하지 못한 필립의 행태를 반복하고 있다고 지적한다. 스테파니의 광기와 죽음이라는 '사건'은 서사 과잉으로 치부되어 그들의 비평에서는 무시된다. 그들은 비평에서 스테파니가 반복적으로 말하는 무의미한 '아듀'를 설명할 수 없기 때문에 사건에서 배제함으로써 전쟁이라는 '사건'을 재현 가능한 경험으로, 그리고 완결된 서사로서 재구성한 것이다. 리얼리즘의 욕망이 젠더화된 경험, 여성의 정신적 외상에 대한 무의식적인 부인否認과 결탁되어 있다는 점을 펠먼은 날카롭게 폭로하고 있다.

무의식의 욕망에 의해 부인된 사람들, 리얼하게 완결된 서사에서 배제된 사람들이야말로 '타자'일 것이다. 그렇다면 「아듀」의 경우 그와 같은 타자는 젠더로서의 여성이다.

전쟁과 같은 폭력적인 사건을 '리얼'하게 표상하려는 욕망—그것은 그런 사건이 '리얼'하게 표상될 수 있다는 신념에 의해 지탱되고 있는 듯하다—그리고 그것을 완결된 서사로 제시하려는 욕망—전쟁이라는 사건 전체를 하나의 서사로 조망하는 시점은 신이 아니라고 한다면 도대체 어떤 자의 시점이겠는가—은 무엇에 기여하고 있는 것일까 하는 문제를 생각해보지 않으면 안 될 것이다.

제3장

서사의 함정

허구의 리얼리즘

전장戰場 장면의 리얼리즘에 관해 말할 때 스티븐 스필버그 감독의
〈라이언 일병 구하기〉(1998)에서 영화 시작 직후 30여 분간 펼쳐지
는 연합군의 노르망디 상륙과정을 그린 장면은 영화사에 길이 남을
만한 전투 장면으로 뛰어난 영상이다. 작렬하는 포탄, 자욱하게 회
오리쳐 오르는 모래 먼지, 지축을 뒤흔드는 폭음, 사지가 잘려나가는
병사, 흔들리는 영상, 흩뿌려지는 핏방울로 얼룩져 시야가 흐려진 카
메라 렌즈……. 종군 카메라맨의 시선으로 촬영하여 긴박감 있게 잇
따라 펼쳐지는 영상이 보는 사람으로 하여금 전쟁터는 분명 이와 같

을 것이라고 확신하게 만든다. 관객은 종군 카메라맨의 카메라에 잡힌 영상을 마주 대함으로써 쏟아지는 포탄에 노출된 채 지면에 엎드려 렌즈를 비추는 카메라맨의 위치에서 전쟁터를 조망한다. 관객은 전쟁터를 비할 데 없이 '리얼'하게 경험한다. 포탄이 터지는 전쟁터 한복판에 있는 듯한 착각에 빠질 것이다.

영화 관람이 끝난 뒤 나에게 남은 인상은 스필버그가 드러낸 이 리얼리즘에 대한 터무니없는 욕망의 강렬함이었다. 이처럼 사건을 철저하고도 리얼하게 묘사하고 싶은 욕망, 즉 '사건'을 재현하고 싶은 욕망이란 도대체 무엇일까. 한 가지 말할 수 있는 것은 스필버그가 현실을, 그래서 사건을 재현하는 것이 가능하다고 소박하게 믿고 있는 것이 아닌가 하는 점이다. 그에게 문제가 되는 것은 아마도 그것을 리얼하게 재현할 때 기술이 좋은가, 나쁜가 하는 문제밖에 없는 듯이 보인다. 말하자면 사건을 재현하는 리얼리즘이란 그에게 오직 기술적 차원의 문제인 듯이 보였다.

많은 사람이 스필버그의 영상을 보고 박진감 넘치고 진실에 가까운 전투 장면이라고 느꼈을 것이 틀림없다. 그것이야말로 전쟁터고 전쟁이라고. 그러나 보는 사람으로 하여금 그것이야말로 진짜 '리얼한' 전쟁터라고 생각하게 만드는 리얼리즘이란 도대체 무엇이란 말인가. 스필버그가 묘사한 전투 장면에서 비할 데 없는 리얼함을 느낀 나는 실제의 전쟁터를 경험하고 있는 것이 아니다. 자신이 경험하지도 않은 일을, 그래서 그것에 대해서는 알 수 없는 일을 '리얼'하다고, '진짜다'라고 느끼는 것은 왜일까. 역시 스필버그가 감독한 작품으로 고대의 공룡이 유전자 조작을 통해 현대에 다시 살아나 인간의 통제에서 벗어나 난폭하게 날뛰는 모습을 묘사한 〈쥬라기 공원〉 (1993)에서도 컴퓨터그래픽으로 재현한 공룡 움직임의 리얼함이 높은 평가를 받았다. 하지만 어느 누구도 공룡의 움직임을 직접 목격한 적이 없다. 그렇다면 이와 같은 '리얼함'이란 도대체 무엇인가.

'리얼하다'든지 '그렇지 않다'라고 하는 것, 또는 '리얼리티가 있다'든지 '그렇지 않다'라고 하는 것은 일반적으로 실물과 재현된 것 또는 현실과 표상된 것 사이의 거리를 측정하는 것이라 할 수 있다. 말하자면 표상이 실물을 얼마나 충실하고 정확하게 재현하고 있는가를 가늠하는 것이라 할 수 있다. 그러나 참조해야 할 본래의 모습이나 현실이 존재하지 않음에도 불구하고 표상을 '리얼한' 재현이라고 느끼는 것은 무엇 때문일까. 고생대의 공룡은 말할 필요도 없지만 현대의 전쟁터를 스필버그 자신은 아마 경험하지 않았을 것이다. 그리고 스필버그가 공룡이든 전쟁터든 그것을 자신의 사건으로 경험하고 있었다면 그는 그것을 과연 그와 같은 형태로—즉 리얼함에 대한 흔들림 없는 확신을 갖고서—재현하고 표상할 수 있었을까 하는 생각이 든다.

스필버그가 묘사한 공룡은 훌륭하게 만들어진 픽션이라는 점, 즉 공룡에 대해 우리가 느끼는 '리얼리티'는 상상되고 창조된 것—물론 그것은 수많은 과학적 근거에 기초하여 만들어진 것일 테지만—에 지나지 않는다는 점은 누가 보아도 자명한 사실이다. 그것이 아무리 '리얼하다'고 생각해도 과거의 '현실'에 존재했던 공룡과 픽션으로 만들어진 공룡을 혼동하지는 않는다. 오히려 공룡의 묘사를 '리얼하다'고 말하는 것이야말로 참조해야 할 '진짜' 공룡의 존재를 상기하게끔

하는 것으로 그것이 진짜 '리얼'하지 않다는 사실을 역설적으로 말하고 있는 것이다.

한편, 〈라이언 일병 구하기〉의 전투 장면은 전쟁터를 촬영한 보도報道영화를 보고 있는 듯한 감각에 사로잡히도록 만들기도 하기 때문에 그것이 '재현된 것'이라 해도 그 리얼함이 사건 자체의 리얼리티, 즉 '현실'을 재현하고 있다고 받아들여지는 것이 아닐까. 그러나 〈쥬라기 공원〉의 공룡이 픽션이라면 〈라이언 일병 구하기〉의 전쟁터도 허구일 것이다. 그렇다면 우리가 느끼는 전쟁터의 리얼리즘이란 이런 가짜 허구가 지탱하고 있는 것이라 할 수도 있다.

전투 장면을 보면서 줄곧 느꼈던 점은 도대체 이것이 누구의 시선, 누구의 눈에 비친 전쟁터인가 하는 의문이었다. 앞에서 종군 카메라맨의 시선이라고 했지만 정확하게 말하면 종군 카메라맨이 지닌 카메라의 시선, 즉 렌즈에 비친 세계다. 그리고 카메라맨조차도 카메라의 시선으로 전쟁을 경험한 것이 아니다. 카메라에 비친 세계와 카메라맨이 경험한 전쟁터는 결코 동일할 수 없다.

전장 경험이란 더욱 단편적인 것이 아닐까. 조각나서 정합성이 없으며 전체상에 위치시킬 수 없는 일그러진 경험은 아닐까. 바로 그것이 전쟁터고 전쟁이라 한다면 전쟁의 전체상을 조망하는 시점이란 대체 누구의 시선이며 어떤 시선이란 말인가. 그것은 생생한 전쟁터 광경이지만 그것을 보는 사람이 그 리얼함에 충분히 만족한다고 할지라도 그것을 본다는 사실은 그에게 결코 정신적 외상을 남기는 사건이 되지 않는다. 포탄에 팔이 잘려나가고 분진粉塵 속에서 기묘한 동작을 보이는 병사도 있다. 그런 설명할 수 없는 동작조차도 '전쟁터'

라는 극한 장면의 '리얼리티' 속에 말끔하게 위치시킬 수 있다. 스테파니의 공허하고 의미화할 수 없는 '아듀'가 집요하리만치 회귀하는 것과 같은 생각은 들지 않는다. 바꾸어 말하면 스필버그가 묘사한 전쟁터 장면은 언어로 설명할 수 있는 것, 즉 작렬하는 포탄, 사지가 잘려나가는 병사, 자욱이 회오리쳐 오르는 먼지…… 등 재현할 수 있는 것만 재현할 수밖에 없다. 설명할 수 없는 사건, 억압된 기억은 등장하지 않는다. 마치 그와 같은 것은 존재하지 않는 듯이. 사건의 현실, '리얼리티'란 바로 리얼하게 재현된 '현실'로부터 넘쳐흘러 난 곳에 있는 것은 아닐까 하는 물음은 스필버그에게는 존재하지 않는다. 그가 박진감 넘치는 리얼리즘으로 전쟁터를 재현할 수 있었던 이유는 그에게 그와 같은 물음이 존재하지 않았기 때문은 아닐까.

그러므로 이와사키 미노루岩崎稔가 스필버그의 〈쉰들러 리스트〉(1993)를 비판하면서 〈인디아나 존스와 미궁의 사원〉(1984)의 모험과 무엇이 다른가라고 물었을 때 나는 그것이 홀로코스트라는 '사건'을 묘사한 〈쉰들러 리스트〉라는 작품에 대한 치명적인 비판이라고 생각했는데, 스필버그는 비판의 의미로 받아들이지 않았을지도 모른다. '무엇이 다른가'라는 수사 의문은 '동일하다는 것'을 비판하고 있다. 그의 물음은 홀로코스트라는 '사건'에는 인디아나 존스의 모험이라는 '꿈같은 이야기'를 촬영하는 것과는 다른 차원이 요구되는 것이 아닐까 또는 '사건'의 표상이라는 것에 대한 근원적인 물음이 필요한 것이 아닐까라는 인식을 전제하고 있다. 하지만 스필버그에게는 그 두 작품이 애당초 '동일한' 것이었을지도 모른다.

홀로코스트라는 '사건'의 경험이 마치 리얼하게 재현될 수 있는 듯한 사건으로 재현되고 있다는 사실, 즉 그야말로 리얼하게 재현한다는 행위를 통해 마치 재현된 것의 리얼함의 거리를 가늠할 수 있을 뿐더러 참조할 수 있는 듯한 사건으로 홀로코스트가 존재할 수 있는 양 이야기되고 있는 사실이 지금까지 〈쉰들러 리스트〉에 가해진 비판의 핵심 내용이었다. 그러나 스필버그에게 홀로코스트란 바로 그와 같은 사건, 그와 같은 경험으로 존재하는 것이어서 그런 비판은 그에게 틀림없이 아무런 의미도 주지 않았을 것이다.

〈인디아나 존스〉 시리즈, 〈쥬라기 공원〉, 〈쉰들러 리스트〉, 〈라이언 일병 구하기〉. 당연히 사건의 위상과 차원을 달리하는 이들 작품에서 스필버그는 리얼리즘을 향한 욕망을 일관되게 드러내고 있다. 그러므로 리얼리즘의 욕망이란 언어로 설명할 수 없는 '사건', 그 때문에 재현 불가능한 '현실'이나 '사건'의 잉여, '타자'의 존재를 부인하는 행위와 결부되어 있다.

사건의 현실

'사건'의 리얼리즘이라는 문제를 다른 측면에서 생각해보자. 먼저 자신이 일본군 '위안부'였던 사실을 최초로 공표한 김학순 할머니의 증언을 들었을 때의 충격에 대해 오고시 아이코大越愛子가 쓴 다음과 같은 글을 보자.

예전 '위안부'들이 전쟁중에 일어난 생각하기도 싫을 만큼 끔찍한 사건의 산증인이라는 사실은 그녀들의 신체에 각인된 것에 의해 여실히 증명되고 있다. ……그녀(김학순 할머니)의 증언을 직접 들었을 때의 충격을 잊을 수 없다. 사실을 가리고 있는 두꺼운 장막이 한순간에 찢겨나가고 그것을 직시하는 것이 주저될 만큼의 가혹한 현실을 그녀는 온몸으로 이야기했다. 17세 때 당한 강간, 그리고 그 뒤 계속되는 '위안부' 생활의 후유증 때문에 그녀의 신체는 만신창이가 되었다. 그렇게 신음하듯이 그녀는 "나는 여자로서의 기쁨을 알지 못한다"라고 말했다. 자기 자신을 찢어발기는 듯한 그와 같은 증언은 그녀의 신체 깊숙한 곳에 뿌리박혀 있는 것이 아니고서는 가능하지 않다.

그러나 자청 애국적인 '역사'학자는 이와 같은 그녀의 증언을, 나아가서 그녀의 존재 자체를 부정하는 일밖에 알지 못한다. '역사'학자는 그녀가 소녀 시절 기생 수업을 하는 학교에 다닌 일을 예로 들어 그녀는 '매춘부'였다고 멸시하며 '상행위'라는 말만 함으로써 전시에 일어난 강간, 성적 노예생활을 고발하는 그녀의 인간적 권리를 빼앗으려 한다.

—오고시 아이코, 「여성·인권·전쟁」, 『미래未來』, 1997년 5월

처음 읽었을 때부터 나는 왠지 이 글이 마음에 걸렸다. 나의 사고는 그 부분에서 멈추고 더이상 진전될 수 없었다. 이것이 어떻게 된 일인지 나 자신도 알 수 없었지만 정신을 차리고 나서 이 글을 반추하고 무언가 깨닫지 않으면 안 될 위화감을 느끼고 있는 나 자신을 발견했다.

생각하면 생각할수록 나 자신이 이 글 어디에서 그리고 무엇 때문에 위화감을 느꼈는지는 가늠할 수 없었다. 읽으면 읽을수록 여기에 쓰인 그대로라고 생각했기 때문이다. 만일 그 증언의 장소 그 자리에 있었다면 나 또한 오고시 아이코가 느꼈던 것처럼 김학순 할머니의 증언에, 그리고 그녀가 당한 사건의 폭력성에 충격받았을 것이다. 그럼에도 불구하고 그런 사건을 부정하고 "이런 일이 있어서야 되겠는가" 하며 위안부 여성들을 모욕하기 위해 안달하는, 자칭 '자유주의 사관'을 내세우는 자들에 대해서는 새삼스럽게 분노했을 것이 틀림없다고 생각했기 때문이다.

그런데 그들의 말에서 나는 무언가 납득할 수 없는 사실—이렇게 말해도 좋을지 모르겠지만 '저항'—을 깨달았다. 마치 보이지 않는 돌이 이 글 어딘가에 숨겨져 있어 그것에 발이 자연스럽게 걸려 넘어질 수밖에 없는 듯이. 도대체 그것은 무엇이란 말인가.

최근 두 해 동안 줄곧 이 글의 내용을 생각하면서 가까스로 이해하게 된 두 가지, 겨우 자신의 언어로 설명할 수 있게 된 두 가지가 있다. 내가 느끼는 저항감 중 하나는 그것이 뜻밖에도 고문의 논리에서 비롯되는 것에 매우 가까운 것이 아닐까 하는 점이다.

'사건'을 받아들이고 정의롭지 못한 것을 올바르게 바로잡는 일이야말로 우리 모두의 과제로 부여된 바로 그때 '사건' 자체를 부정하는 역사수정주의적 언설이 아무런 주저함도 없이 노골적으로 이야기되면서 '사건'의 폭력 속에서 살아온 이 여성들에게 다시 한번 폭력을 휘두른다. 우리는 그 폭력을 고발하고 규탄할 책임이 있다.

한편, '사건'을 입증하는 것은 증언이다. '사건'을 경험한 당사자가 아니면 말할 수 없는 것이 존재한다. 사건의 유일무이한 증언, 그것이 '사건'의 '진실'을 보증한다고 여겨진다.

'사건'의 '진실'을 증명하는 증언을 들었다면 나는 그 '진실'을 '사건'을 부정하는 역사수정주의자들의 눈앞에 들이대고 "당신들은 이래도 항변할 것인가" 하고 따지고 싶은 생각이 들었을 것이다. 그러나 이때 그 증언은 자신의 훼손당한 육신을 찢어발기고 그 내부를 도려내는 듯한 것이기 때문에 거기에서 '사건'의 '진실'이 입증되는 것이라 한다면 그것은 얼마나 그로테스크한 일일까. 그러나 후안무치한 부정론자들이 '사건'을 부정한다면—필시 그들은 그렇게 할 것이다—우리는 계속해서 그녀들에게 그 육신을 더욱더 깊이 파헤쳐 당사자밖에 알 수 없는 고통을 증언하도록 요구해야 할 것이다. 그러나 도대체 얼만큼 그 육신을 찢어발기고, 얼만큼 그 육신을 파헤치고, 얼만큼의 고통으로 육신을 헤집고 증언해야 '진실'을 말하게 되는 것일까.

우리는 그 증언이 육신을 찢어발기는 듯한 것이기 때문에 유일무이하며 그로 인해 그 증언은 어느 누구도 부정할 수 없는 '사건'의 '진실'을 이야기하는 것이라고 말한다. 그래서 우리 자신은 고통이 수반되지 않는 증언에서는 '진실'이 충분히 말해지지 않는다고 믿는 것이다. 고문의 논리란 바로 이를 두고 말하는 것이 아닐까.

이 여성들은 왜 그처럼 자신과 자신의 육신을 갈기갈기 찢어발기고 내부를 도려내는 듯한 고통 속에서 증언하지 않으면 안 되었던 것일까. 그녀들의 증언을 부정하는 역사수정주의자들의 탓 때문일까. 물론 그런 점도 있을 것이다. 그러나 전후 일본 사회에서 '사건'의 역사적 망각과 '사건'을 부정하는 역사수정주의자들의 언설에 대한 일본인들의 무력함이 지금 그녀들에게 육신을 찢어발기는 듯한 증언을 강요하는 것이라는 점도 잊어서는 안 된다. 그런 이상 우리도 그녀들이 지금 당하고 있는 그 폭력에 대해 분명 책임을 떠안고 있다. 그 고문에 가담하고 있다고 바꾸어 말해도 좋을 것이다. 이때 그것 때문에 얻게 된 증언을 토대로 역사수정주의자를 부정하려는 것은 자기 자신의 무력함이고, 자신이 그녀들의 고문에 가담하고 있다는 사실을 외면하는 것이며, 그 무력함을 무의식적으로 부인하는 몸부림일 것이다.

그녀들이 당한 고통을 통해 그녀들이 증언하는 '사건'의 '진실'을 보증하고, 그럼에도 불구하고 역사수정주의자들의 담론을 부정하려는 것은 나에게 어디인가 얼마간의 착오가 있다는 생각이 들 수밖에 없다. 그녀들의 증언, '과거'에 봉인되어 있는 '사건'이 '사건'을 덮고 있는 두꺼운 피막을 찢어내고 '사건' 외부에 있는 우리 곁으로 도래한다. 그녀들이 당한, 상상을 초월하는 사건의 폭력 충격에 부딪혔을 때 우리는 '사건'의 폭력적인 도래에 대해 철저히 수동적일 수밖에 없는 자신들의 무력함을 인내하는 것을 회피하면서—'사건' 그 자체의 폭력에 노출되는 것을 참을 수 없게 되어—'사건'의 '진실'을 영유하고, 그것을 수단으로 자유주의 사관을 비판함으로써 '사건'이 부정하는 우리의 주체성을 회복할 수 있을 듯싶다. '사건'의 존재를 부정하는 역사수정주의자를 비판하는 작업은 우리의 책무이기도 하다. 이때 육신을 찢어발기는 듯한 고통 속에서 말한 이 여성들이 당한 '사건'의 폭력성을 우리가 오롯이 받아들이는 것이 역사수정주의자를 비판하는 일과 관련되어 있기는 하지만 나에게는 그것이 마치 별개의 사항인 듯이 여겨진다.

내가 느끼는 '저항'의 또다른 하나는—그것은 어느 날 문득 떠오른 것인데—"나는 여자로서의 기쁨을 알지 못한다"라고 이야기한 김학순 할머니의 그 말의 진부함이다. 물론 그 말이 진부하다고 해서 그녀의 증언이 자기 자신을 짓이기는 듯한 육신 깊은 곳에 뿌리박혀 있는 것임을 부정하려는 것이 아니다. 사실은 정반대다. 그 지나친 진부함 때문에 나는 그것이 '사건'의 폭력 깊숙한 곳에서 울려나온 소리임을 확신하는 것이다.

그녀의 증언을 '자기 자신을 짓이기는 듯한' '육신 깊숙한 곳에 뿌리박혀 있는' 것으로 받아들인다는 점은 옳다고 생각한다. 증언을 짙은 색으로 물들였을 침묵과 신음과 그 모든 것이 그녀의 증언이 그야말로 육신을 찢어발기는 듯한 사실임을 그때 입증하고 있었던 것이라고 생각한다. 증언을 듣는다는 것은 이야기되는 언어의 의미가 아니라 그런 침묵과 신음, 몸부림이 이야기하는 전체를 받아들이는 것이라고 생각한다.

그녀는 "여자로서의 기쁨을 알지 못한다"라고 일본어로 말한 것인가, 아니면 한국어로 한 말을 통역하는 사람이 일본어로 번역한 것인가. '여자로서의 기쁨'이란 한국어로 어떻게 말할 수 있는가. 한국어에도 그와 같은 표현이 있는가.

번역이 개입되어 있다면 증언의 진실성, 사실의 신빙성이 떨어진다고 말하려는 것이 아니다. 여기서 말하고자 하는 것은 그것과는 정반대다. 이런 몇 겹의 매개를 거치지 않고는 상상을 초월한 그 '사건'

에 도달할 수 없다는 그런 거리를 실감하지 않으면 안 된다는 것이다. 증언을 투명한 언어가 매개하여 직접적으로 '의미'를 개시하는 듯한 바로 그와 같은 '사건'으로 이해하게 된다면 우리는 그 '사건'이 지닌 폭력의 본질을 잘못 파악하게 될 수도 있다.

'여자로서의 기쁨.' 이 얼마나 진부한 표현인가. 여성의 심리를 꿰뚫고 있다고 떠들어대는 남성 작가의 대중소설에서나 사용할 법한 때가 묻은 표현이다. 나는 신체 깊숙한 곳에서 몸을 비틀어 쥐어짜낸, 우리가 상상할 수 없을뿐더러 글로 다 표현할 수도 없는 폭력적인 '사건'의 그 폭력성을 입증하는 그 말이 '여자로서의 기쁨' 따위와 같이 진부하게 사용된 판에 박힌 상투어구였다는, 정신이 아득해지는 거리감에 놀라지 않을 수 없었다. 그리고 이때 그와 같은 '사건'의 유일무이한 당사자였기 때문에 그녀가 아니면 말할 수 없는 근원적이고도 리얼한 말로 그것을 이야기할 것을 기대하고 있던 나 자신을 발견했다.

그러나 어떤 의미에서 그 말은 그녀가 아니면 할 수 없는 언어라 할 수 있을지도 모른다. 왜냐하면 필설筆舌로는 다 전할 수 없는 '사건'이, 설마 '여자로서의 기쁨' 따위라고 하는 진부하기 그지없는 말로 드러난다는 것이 그 '현실'을 전달할 수 있으리라고는 예의 남성 작가조차 떠올릴 수 없기 때문이다. 그러나 바로 그 지점에 '사건'의 진실이 있는 것은 아닐까. 당사자이기 때문에, 그리고 '사건'에 대한 유일무이한 증인이기 때문에 진부하기 짝이 없고 판에 박힌 듯이 말할 수밖에 없는 것이 아닐까. 그리고 우리는 언어가 매개하는 의미를 보는 것이 아니라 언어의 어긋남, '사건'과 그것을 표현하기 위해 말해진 언어 사이의 끝없는 괴리 또는 단절을 주목해야 하는 것은 아닐까. 그 언어는 '사건'을 의미하는 것이 아니라 '사건'과의 단절, 그리고 그 단절 속에서 드러나는 '사건'과 타자의 입장에서는 상상할 수 없는 폭력의 깊이를 가리키고 있는 것이 아닐까.

서사를 향한 욕망

작품 모두冒頭 전투 장면에서 스크린에 재현된 '사건'의 리얼리티를 관객에게 보증한 영화 〈라이언 일병 구하기〉는 그뒤 행방을 알 수 없는 한 병사를 구출하는 서사로 전개된다. 그 구출담은 전쟁이라는 '사건'의 세부를 구성하는 하나의 일화로 이야기된 것이지만, 〈라이언 일병 구하기〉에서 그뒤의 서사 전개는 모두 부분의 전투 장면에서 보증된 전쟁이라는 '사건'의 리얼리즘을 오히려 보완하는 세부로 계획되어 있는 것처럼 여겨진다. 이는 앞에서 논의한 발자크의 「아듀」가 나폴레옹전쟁 당시 베레지나 강가의 전쟁터 장면을 리얼하게 재현한 뒤 스테파니와 얽힌 일화라는 '사건'의 세부를 이야기함으로써 전쟁이라는 '사건' 자체의 기억 또는 표상에 대한 우리의 인식을 깨뜨리는 것으로 존재한 것과 대조를 이룬다.

한낱 이등병에 지나지 않는 병사를 구출하기 위해 특별부대가 편성된다. 이처럼 통상적으로 생각할 수 없는 불합리한 작전이 펼쳐지는 것은 바로 노르망디 상륙작전 당일 유럽 전선에 출진하고 있었던 라이언의 세 형이 모두 전사했다는 사실이 밝혀졌기 때문이다. 만일 라이언 일병마저도 죽어 네 형제 모두 전사했다면 한꺼번에 자식을 전부 잃은 어머니의 충격이란 이루 말할 수 없이 컸을 터다. 그러나 군 상층부가 라이언의 구출을 명령한 것은 어머니의 고뇌를 고려한 결과는 아니었다. 그 명령은 국민이 그 사실을 알게 될 때 국민 전체에 전쟁 혐오증이 널리 퍼지게 될 바로 그 부분을 걱정한 군 상층부가 내린 특명이었다.

여기서 단 한 명의 병사를 구하기 위해 여러 명의 병사가 희생된다는 아이러니가 그려진다. 라이언 일병의 구출은 휴머니즘 때문에 이루어진 것이 아니다. 국민들 사이에 전쟁 혐오증이 만연하는 것을 저지하고 전쟁을 수행하려는 국가의 전략적인 요청으로 일관되고 있다. 우여곡절 끝에 특별부대는 라이언을 찾는다. 그러나 라이언은 동료 병사를 버리고 자신만 전선을 떠나는 것을 단호히 거절한다. 라이언 구출의 책임을 맡고 있었던 특별부대의 대장인 대위는 라이언의 의지를 존중한다. 그래서 라이언과 함께 부대는 그곳에 남아 한정된 무기를 갖고 독일군을 맞이한다.

여기서 서사의 주요 관심은 닥쳐올 독일 전차부대와의 전투로 옮겨가 대위와 라이언 등이 얼마 남지 않은 탄약과 무기로 어떻게 다리를 지켜낼 것인가 하는 문제에 초점이 맞추어진다. 그곳에 라이언과 함께 남는다는 대위의 결단은 동료를 버릴 수 없다는 라이언의 마음과 고립되어 있는 부대를 버릴 수 없다는 대위의 뜻이 더해져 이루어진 선택이었다. 그러나 그 결과 많은 사람이 죽게 되고 대위 또한 전사한다.

라이언에게 동료를 버리고 자신만 도움받는 것은 올바르지 않은 일이며 받아들이기 힘든 정의롭지 않은 일이라고 생각되었을 것이다. 그리고 그런 감정을 대위도—영화를 관람하고 있는 우리도—공유한다. 애당초 몇 사람을 희생해서라도 어떻게 해서든 라이언 한 사람을 구출하라는 군 상층부의 명령 자체가 인간에게는 가당치 않게도 부조리한 것이다. 그때까지도 부조리한 사명을 수행해온 대위는 마음을 바꾸어 군의 명령을 어기고 라이언과 함께 그곳에 머무는 것을 선택한다. 살아남을 확률보다 죽을 확률이 높은 쪽을 선택한 것이다. 그리고 실제로 대위는 죽는다. 그러나 국가의 부조리한 명령, 즉 정의에 반하는 명령에 따르기보다 이 정의롭지 못한 명령을 단호히 거부한 청년과 함께, 바꾸어 말하면 자신이 믿고 있는 정의감과 함께 죽는 것을 오히려 주체적으로 선택한 것이다. 여기서 분명 부조리했을 그 죽음이 이 주체적인 선택에 따라 의미 있는 죽음, 즉 대의大義를 내포한 죽음으로 변용된다.

라이언만 기적적으로 그 전투에서 살아남는다. 포연이 피어오르는 다리 위에서 망연한 표정으로 내내 서 있는 라이언 청년의 얼굴에 이윽고 주름진 얼굴의 연로한 라이언의 얼굴이 오버랩되면서 영화는 전쟁이 끝나고 50년 뒤 묘지 앞에 우두커니 서 있는 노년의 라이언 모습을 비추는 장면으로 끝맺는다. 그때 그가 대위를 비롯한 동료 병사들과 함께 그 장소에서 떠나기를 거부하지 않았다면 어떠했을까? 그러나 그것은 그에게 정의롭지 못한 일이었다. 그래서 그는 그것을 받아들일 수 없었다. 그 결과 그들은 죽었다. 전쟁이 끝나고 반세기 동안을 라이언은 대위를 비롯하여 자신을 구출하다가 죽어간 자들의 죽음도 끌어안고 살아가지 않으면 안 되었을 것이다. 라이언이 던진 "자신은 좋은 사람이었을까"라는 물음은 자신이 그와 같은 삶을 살 만한 자격이 있는 인간이었는가, 그때 자신의 선택은 올바른 것이었는가, 자신이 믿는 정의에 따라 죽음을 선택한 그들의 희생에 보답하는 인생을 자신은 과연 살았는가 등 자책의 물음이다. 전후 라이언은 분명 그런 물음들 속에서 줄곧 살아왔을 것이다.

〈쉰들러 리스트〉와 마찬가지로 라이언이 묘지에 서 있는 모습은 아마도 우연은 아닐 것이다. 우리는 여기서도 '사건'에서 살아남는 것이라는 주제가 반복되고 있다는 사실을 깨닫는다. 자신이 '사건'에서 살아남은 만큼 특권을 누릴 자격이 있는 인간이었을까라는 물음이 〈쉰들러 리스트〉에서는 명시적으로 요구되지 않았다. 하지만 〈쉰들러 리스트〉 마지막 장면에 등장하는 밝은 햇빛 아래 쉰들러의 무덤에 꽃을 바치는 사람들—'쉰들러의 리스트' 덕분에 목숨을 구할 수 있었던 사람들—에게 행복감조차 감돌고 있음을 볼 수 있다. 그러나 그와는 반대로 라이언 등뒤에서 나부끼는 성조기는 흐릿하고 피로 물들어 있다. 자신이 살아남기 위해 많은 사람이 죽을 수밖에 없었다는 기억이 〈라이언 일병 구하기〉 텍스트에 무겁고도 처연하게 드리워져 있다.

그러나 만일 라이언이 자신만 구출되는 일을 정의롭지 못하다고 생각하지 않고 동료들을 위해 전선에 남는 것을 선택하지 않았다면 어떻게 되었을까? 아니 오히려 그가 자신이 구조되는 일을 기쁘게 받아들이는 청년이었다면 어떠했을까. 물론 그러했을 가능성도 있다. 영화는 복선으로 일행이 지나가는 길 위에서 그와 같은 생각을 갖고 있는 청년을 등장시킨다. 라이언과 동성동명의 그 청년이 구출해야 할 라이언으로 오인되었지만 너무나도 어처구니없는 모습에 라이언 구출 임무를 맡았던 병사들은 한결같이 '우리가 이따위 녀석의 목숨을 구하기 위해 목숨을 걸고 있는 것인가'라며 아연실색하는 표정을 짓는다. 이는 국민들 사이에 반전反戰 기운이 만연하는 것을 방지하기 위해 몇 사람을 희생해서라도 한 사람의 목숨을 구하라는 군 상층부가 내린 명령의 부조리함을 이미 병사들과 공유하고 있는 관객의 기분이기도 하다. 따라서 맷 데이먼이 연기하는 진짜 라이언 청년이 정의감을 가진 늠름한 청년임을 알게 되었을 때 특별부대 병사들도, 관객도 안심하는 것이다. 그러나 이 안도감은 과연 무엇인가.

아마도 그것은 라이언을 구출하러 가는 길 위에서 죽어간 병사들의 죽음이 쓸모없는 것이 아니었다는 안도감은 아니었을까. 왜냐하면 그들은 거역할 수 없는 군의 명령으로 부조리하게 죽은 것이 아니라 적어도 정의를 자신의 행동 원리로 하여 주체적으로 사는 청년, 그 때문에 목숨을 걸더라도 지킬 만한 의미가 있는 청년을 구하려다가 죽은 것이 되기 때문이다. 그것은 결코 무의미한 개죽음이 아니라 의미 있는 죽음이었고 그것이 의미 있는 죽음인 이상 그들은 수동적이 아니라 주체적으로 죽었다고 그들 스스로를 납득시킬 수 있었기 때문은 아니었을까.

그런 의미에서 라이언 청년은 어떤 원리의 메타포인 셈이다. 그것을 대의大義라고 말해도 좋다. 인간이 그것을 위해서라면 목숨을 걸고 지키는 것도 마다하지 않는 대의, 인간이 그것 때문에 살고 그것 때문에 죽는 그런 의미를 지닌 대의. 그것은 인간이라면 자신이 믿는 정의를 주체적으로 선택해야만 한다는 뜻을 내포한 원리다. 대위도 그것을 자신에게 스스로 부여하고 죽어간 것이다.

그러나 거기에는 하나의 부인否認이 자리잡고 있다. 서사가 부인하는 것은 전쟁이란 사람을 부조리하게 죽게 만드는 '사건'이라는 사실, 주체적인 선택이 근원적으로 부정되는 경험이라는 사실이다. 〈쉰들러 리스트〉에서도 부인되었던 것은 바로 그것이 아니었을까. 적어도 '쉰들러 리스트'에 그 이름이 기록됨으로써 절멸수용소행에서 빠져나온 사람들은 그것 때문에 부조리하게 죽임을 당하는 '사건'에서 벗어난 것이다. 그러나 프리모 레비Primo Levi*를 비롯하여 절멸수용소를 경험한 사람들 대부분이 이야기하듯이 절멸수용소는 인간의 주체적 선택이 그야말로 근원적으로 부정된 세계, 사람이 무의미하게 죽는다는 부조리를 일상적으로 경험할 수밖에 없는 세계였던 것이 아니었을까.

홀로코스트를 그린 〈쉰들러 리스트〉가 실은 홀로코스트라는 '사건'을 부인하는 것처럼 전쟁을 그린 〈라이언 일병 구하기〉도 전쟁이라는 '사건'을 부인하는 작품이라고 할 수 있다. 그리고 아마도 그런 이유로 〈쉰들러 리스트〉에서는 바르샤바의 게토ghetto†에서 유대인이 나치 대원들에게 내쫓기는 모습을 핸디 카메라로 촬영하여 흔들리는 영상으로 현장감을 연출하여 '사건'이 리얼하다는 인상을 줄 필요가 있었을 것이다. 마찬가지로 〈라이언 일병 구하기〉에서도 영화 시

---

* 프리모 레비(1919~1987)는 유대인 출신의 이탈리아 작가로 『이것이 인간인가Se Questo è un Uomo』(1947)를 비롯하여 고통스러웠던 아우슈비츠 경험을 바탕으로 작품을 발표했다. 1987년에 토리노 자신의 집에서 투신자살했다.

† 중세 이후의 유럽 각 지역에서 유대인을 강제 격리하기 위해 설정한 유대인 거주지역이다.

작 후 30여 분에 이르는 전투 신에서 단번에 알 수 있는 전쟁의 '폭력성'을 장황하고도 리얼하게 그리는 것이 서사에서 필요한 장면이 아니었을까 하는 생각이 든다. 서사가 그 근원에서 사실은 '사건'의 폭력을 부정하고 부인하고 있기 때문에 영상은 과잉되리만치 리얼하게 그 폭력을 재현하고 보충하지 않으면 안 되었던 것이다. 〈쉰들러 리스트〉에서나 〈라이언 일병 구하기〉에서나 서사는 이중성을 띠고 있다. 우리는 영상의 레벨, 서사의 표면적인 레벨에서 그 '리얼'한 재현을 통해 '사건'의 폭력성을 간접적으로 경험하는 듯한 기분을 느낀다. 그러나 서사의 심층에서 서사가 부인하고 있는 것은 바로 '사건'의 폭력성 자체다. 이들 작품이 많은 관객을 동원할 수 있었던 이유는 바로 거기에 있다. 우리는 '사건'을 깊은 인간적 공감을 갖고 이해한다. '사건'이 폭력적으로 도래하여 스스로의 주체성을 빼앗아버릴 걱정은 없다. 오히려 작품은 관객을 '사건'의 '실감'을 영유하는 주체로 만든다. '휴머니즘'과 '엔터테인먼트'의 훌륭한 융합. 그러나 그것은 누구의 어떤 욕망에 일조하고 있는 것인가.

내가 여기서 떠올린 것은 나치의 절멸수용소에서의 동성애자 '사랑'을 그린 마틴 셔먼Martin Sherman[‡]의 희곡을 영화화한 숀 마티아스Sean Mathias 감독의 〈벤트〉(1997)다.

나치가 절멸의 대상으로 삼은 것은 유대인만이 아니다. 장애자나 로마인(이른바 집시Gypsy)과 동성애자 또한 그들에게는 절멸의 대상이었다. 주인공 막스는 연인 루디와 함께 나치 당원에게 체포되어 수

---

‡ 마틴 셔먼(1938~)은 미국의 극작가이자 시나리오 작가다.

용소로 이송되는데, 루디는 수송 열차 안에서 게슈타포에게 고문당한다. 루디를 도우려고 나선 막스를 곁에 있던 남자가 제지한다. 그를 돕게 되면 당신도 죽는다고 하면서. 살아남는 것, 그것은 연인의 죽음을 방관하는 것이며 폭력적인 '사건' 속에서 살아남는다는 경험 그 자체가 동시에 터무니없는 폭력을 온몸으로 받아들이는 '사건'이었다.

그러면 살아남는다는 것이 폭력일 수밖에 없다는 자체가 폭력적인 그 '사건'의 기억을 우리는 어떻게 공유할 수 있는가. 그러나 인간이 살아남는다는 것에 내재하는 폭력성이라는 문제를 접하면서 작품은 결국 막스와 호르스트라는 두 피수용자의 '진실한 사랑' 이야기로 손쉽게 환원되어버리고 만다. 절멸수용소라는 극한 상황에서조차 인간은 그만큼 숭고할 수 있었고 아무리 잔인한 폭력도 인간의 정신적 존엄까지 빼앗지 못한다는 서사를 필요로 하는 사람은 누구일까. 그것은 절멸수용소를 직접 경험한 적 없었던 사람들, '사건' 외부에 살고 있는 사람들, 말하자면 우리가 이 세계의 일상을 안심하며 살아가기 위해 필요로 하는 서사가 아니었을까. '사건' 내부에서 일어났지만 우리는 알 수 없는 상상을 초월한 폭력이 '사건' 외부, 즉 우리 세계에 침입해오지 못하게 하고 불안에 떨지 않게 하려고 우리는 우리의 서사와 우리의 판타지를 그것에 투영한 것이다. 그것은 우리가 '사건'의 기억을 공유하고 그것을 우리의 기억으로 만들기 위해 이야기되는 서사가 아니다. 어디까지나 그 '사건'은 철조망 속의 사건으로서 그 주위를 둘러싸고 우리와는 아무런 관계가 없는 사건이라며 안심하기 위해 만든 서사가 아닐까.

프리모 레비는 수용소에서 해방되어 집으로 돌아갔을 때 자신이 수용소에서 경험한 일을 아무도 이해하지 못하리라는 고독을 수용소에 있을 때부터 이미 악몽으로 경험하고 있었다. 그것은 지금 그가 경험하고 있는 '사건'이 인간의 이해를 뛰어넘는 자기 자신에게조차도 공유될 수 없는 경험이었기 때문이 아니었을까. 만일 절멸수용소를 경험한 후에도 인간 존재의 숭고함을 찬양할 수 있다면 해방 후 수십 년이 지났는데도 레비와 파울 첼란Paul Celan*, 브루노 베텔하임Bruno Bettelheim†은 왜 스스로 목숨을 끊어야만 했을까.

인간을 한갓 무리에 지나지 않는 것으로 환원하여 인간의 숭고함과 존엄 그 모든 것을 빼앗아가는 절멸수용소라는 '사건', 그리고 그곳에서 살아남은 것 자체가 폭력일 수밖에 없는 '사건'을 '사건' 외부에 있는 사람들이—그야말로 우리가 '사건'의 기억으로 고통받지 않고 안심하고 살아갈 수 있도록—인간의 숭고한 사랑의 찬가로 소비한다는 것 자체가 나에게는 인간이 살아가면서 얻을 수 있는 폭력성의 그로테스크한 희화로 생각될 수밖에 없다.

그런 서사를 요구하는 것은 '사건' 외부에 있는 우리다. 우리가 살아남기 위해 절멸수용소를 그려나가지만 그것은 절멸수용소라는 폭력적인 '사건'의 기억을 타자와 공유하기 위해 이야기되고 있는 것이

---

* 파울 첼란(1920~1970)은 루마니아 태생의 독일계 유대인으로 번역가이자 시인이다. 제2차세계대전 당시 유대인이라는 이유로 강제수용소에 수용되었다가 간신히 죽음은 면했지만 '살아남았다는 죄책감'에 시달리다 세느강에 투신자살했다.

† 브루노 베텔하임(1903~1990)은 오스트리아 태생의 유대인으로 정신분석학자다. 우울증에 시달리다 스스로 목숨을 끊었다.

아니다. 오히려 그것은 그 기억을 적극적으로 억압하기 위한 장치다 (예를 들어 그것은 '위안소' 같은 여성의 성과 인간의 존엄에 대해 폭력이 가해지는 극한적인 상황에서조차 '진실한 사랑'은 있었다는 서사를 필요로 하는 것과 도대체 무엇이 다른가. 나는 자문해볼 필요가 있다고 생각한다).

서사의 기만/기만의 서사

자신이 지닌 정의감을 자기 자신의 행동 지침으로 삼았던 라이언 청년의 존재로 인해 대위와 라이언을 구하려다가 죽어간 병사들은 그 죽음에 의미가 부여된다. 그럼으로써 그들은 부조리한 죽음을 맞게 된다는 폭력적인 '사건'에서 벗어난다. 그것은 국가의 이해 때문에 국가가 요구한 부조리한 명령에 저항하는 인간의 정의감, 바꾸어 말하면 휴머니즘이다(그리고 이 '휴머니즘'이야말로 영화 〈라이언 일병 구하기〉에서 묘사하는 것이기도 하다). 자신을 위해 희생된 수많은 목숨을 대가로 살아남을 수 있었던 라이언의 고뇌는 우리도 이해할 수 있고 공감할 수 있다. 이처럼 인간이 지닌 공약 가능한 보편적 감각을 휴머니즘이라고 할 수 있다. 우리는 휴머니즘의 고통을 라이언과 함께 음미하고 감동한다. 그리고 서사가 끝남과 동시에 우리는 일상 세계로 되돌아간다.

하지만 전쟁이라는 '사건'의 폭력성이란 무엇보다도 그것이 공약 불가능한 경험이라는 사실에 있는 것은 아닐까. 바꾸어 말하면 그것은 우리가 이해할 수 있는 그 어떤 의미로도 채울 수 없는 '사건'의 폭력성 속에서 살아간다는 것이 아닐까. 만일 그때 대위가 군 명령을 끝까지 충실하게 이행하여 억지로라도 라이언을 데리고 돌아갔다면 어떻게 되었을까. 물론 돌아오는 길에서 대위는 죽고 라이언만 유일하게 살아남게 되었을지도 모른다. 라이언은 전쟁이 끝난 뒤에도 부조리한 명령 탓에 타자가 부조리하게 죽게 되고 부조리하게 자신만 살아남게 되었다는 사건 자체의 폭력성 속에서 살아가야만 했을 것이다. 그들의 죽음은 전후에 라이언이 아무리 올바르게 살았다고 하더라도 당연히 메꾸어질 수 없는 '사건'으로 계속 존재할 것이다. 그때 '사건'은 영화라는 서사 속에서는 완결되지 않는다. '사건'의 망령이 스크린을 넘어 서사의 외부를 향해, 우리가 있는 바로 이 세계를 향해 침입하여 들어오게 된다.

영화 〈제3의 사나이〉의 원작자이기도 하며 『애정의 종말_The End of the Affair_』(1951)과 같은 작품으로 유명한 영국 작가 그레이엄 그린_Graham Greene_*의 소설 중 『제10의 사나이_The Tenth Man_』(1985)라는 작품이 있다. 배경은 나치 점령 아래 놓인 프랑스. 레지스탕스 활동이 활발히 전개되자 나치는 그에 대한 보복으로 구류拘留하고 있던 시민을 한 사람씩 처형하기로 결정한다. 감옥에 갇힌 사람들은 제비뽑기를 하여 처형 순번을 정하기로 한다. 부유한 변호사가 '1번 제비'를 뽑게 된다. 그의 입장에서 보면 죽어야 할 이유가 전혀 없다. 처형은 프랑스인에 대한 보복 장치라는 점령군의 사혹思惑으로 결정되었으며 그가 처형당해야만 할 필연성은 전혀 없었다.

처형의 시간이 점점 다가온다. 그는 돌연 제안을 한다. 상당한 자산가였던 그 남자는 자신을 대신할 수 있는 사람에게 자신의 집을 포함한 재산 일체를 양도하겠다고 약속한다. 자신의 생명보다도 돈을 바라고 죽음을 택할 자가 있다고는 생각하지 않았는데, 열번째 제비를 뽑은 남자가 심사숙고 끝에 변호사의 제안을 받아들인다. 가난했던 그 남자는 일생을 다 바쳐도 손에 넣을 수 없는 그 재산을 자신의 목숨과 바꾸어 가족에게 증여하는 것을 선택한 것이다.

열번째 제비와 자신의 제비를 교환함으로써 하나뿐인 목숨을 건지게 되었지만 모든 재산을 잃고 갈 데가 없어진 변호사는 해방이 된 뒤 이름을 위조하여 자신이 살았던 옛집을 찾아간다. 그 집에는 자신을 대신하여 처형당한 남자의 가족이 살고 있었다. 특히 누이동생은 자신들을 위해 오빠가 어리석은 선택을 한 데 분노했고 그런 제안을 한 남자를 원망하고 있었다. 변호사는 자신의 정체를 숨긴 채 그 집에 머물게 되고 이윽고 그 죽은 남자의 누이동생과 사랑에 빠진다. 그때 감옥에서 변호사와 열번째 제비를 뽑은 남자 사이에 이루어진 거래를 알고 있었던 다른 남자가 그 집을 찾아온다. 그는 죽은 남자의 가족을 속여 재산을 가로채려는 계획을 갖고 그 집을 방문한 것이다. 그 남자의 손에 걸려들어 죽을 위기에 처하게 된 누이동생을 변호사가 구하고 사랑하는 사람을 대신하여 죽게 된다는 이야기다.

이 서사가 시사하는 것은 사람에게 견딜 수 없는 두려움은 단지 죽는다는 사실이 아니라 이유 없이 죽는다는 사실이라는 점이다. 자신이 왜 죽어야 하는지 그 이유를 전혀 찾지 못한 채 죽음을 맞아야 할 상황에 처했을 때 그런 운명을 피하고자 자신의 비소卑小함을 드러내면서 추악하게 행동하는 인간이 지켜야 할 것이 있다면 그것이 사랑이든 대의이든 그것은 영웅적인 죽음을 수행하는 일이다. 죽음을 눈앞에 둔 인간이 숭고하게 행동할 것인가, 비소하게 행동할 것인가의 문제는 그 인간의 인격 문제라기보다는 죽음이라는 사건의 성격으로 되돌려지는 문제라는 점을 그린의 작품은 시사하고 있다.

여기서 떠오르는 것이 베텔하임의 말이다. 오스트리아 정신분석학자였던 베텔하임은 나치의 강제수용소에서 1년을 보냈다. 그가 강제수용소에서 보낸 기간은 아직 강제수용소가 절멸수용소로 바뀌기 전이어서 베텔하임은 석방되자마자 그 길로 미국으로 망명할 수 있었다. 그는 나치가 행한 유대민족의 절멸정책을 '홀로코스트'라고 부르는 데 이의를 제기했다.

나치가 행한 유대민족 절멸정책을 '홀로코스트'라는 명칭으로 부르는 것이 동일한 명칭의 미국 TV 드라마를 통해 순식간에 세계인들에게 회자되었다. 이 낱말의 본래 의미는 거의 알려지지 않았다. 영어의 Holocaust는 라틴어 holocaustum에서 유래했는데, 이것은 '완전히 굽는다'를 의미하는 그리스어 holokaustos를 번역한 용어다. 그리고 이 낱말은 구약성서 '레위기'에서 설명하는 다섯 종류의 종교적 희생 중 히브리어로 olah라고 부르는 것을 가리키며 일본어로는 '전번제全燔祭'로 번역된다. 따라서 일본어로 '홀로코스트'란 단어가 어떤 의미를 띠든지 영어를 비롯하여 유럽어 계통의 여러 언어에서 사용되는 Holocaust라는 낱말에는 원래 가축을 통째로 구워 신에게 바친다는 종교적인 의미가 함축되어 있다. 나치의 유대인 절멸정책을 그 명칭으로 부르게 된 이유는 가스실에서 죽은 유대인이 마지막에 수용소 안의 소각장에서 불태워진 사건을 연상한 데 있을 것이다.

베텔하임이 '홀로코스트'라는 명칭으로 이 사건을 부르는 데 이의를 제기했던 것은 절멸수용소에서 학살된 유대인은 유대인이라는 이유만으로 불합리하게 죽임을 당한 것이어서 그들의 죽음에는 어떤 종교적인 의미도 없었기 때문이다―그들 중에는 세속화되어 유대교와는 관련 없는 생활을 하고 있었던, 유럽 사회에 동화同化된 유대인도 많이 있었다. 그것을 '홀로코스트'라는 원래 종교적 함의를 띠는 낱말로 부르는 것은 이들 유대인의 죽음에 거짓된 종교적 신성성을 부여하고, 그럼으로써 그들로부터 그들이 무의미하게 죽었다는 '진실'에 직면하는 최후의 존엄성마저 빼앗아버리는 행위이기 때문에 그는 '홀로코스트'라는 명칭의 사용을 반대했다고 말했다.

베텔하임은 인간이 이해 가능한 의미 세계 속에 위치시킬 수 없는 '사건'의 폭력과 직면하는 것이야말로 부조리한 죽음을 맞이할 수밖에 없었던 사람들에게 남겨진 인간으로서의 마지막 존엄성이라고 말한다.

절멸수용소에서 살아남은 사람의 대다수는 자신만 살아남았다는 경험, 바로 그것의 폭력적인 자의성恣意性을 심적 외상으로 갖고 있다. 그런 심적 외상을 겪는 한 생존 여성이 어느 날 베텔하임에게 편지를 보내왔다. 그녀는 자신이 살아남은 것은 수용소에서 죽임을 당한 사람들을 대신하여 자기 자신에게 남겨진 삶을 더욱 바람직하게 살

아야 할 사명을 부여받았기 때문이라고 자꾸만 생각된다고 편지에
썼다. 그 여성의 말에 대해 베텔하임은 자신의 저서에서 그런 사고방
식을 부정한다. 그는 그와 같은 사명 따위란 없다고 말한다. 살아남
은 사람이 사명을 부여받았기 때문에 살아남은 것이라고 한다면 죽
은 사람들은 그와 같은 사명이 없었기 때문에 죽은 것이 되며, 따라
서 그들은 죽어야 할 이유가 있었기에 죽은 것이 되기 때문이다. 그
는 죽은 것은 내가 아니라 다른 사람이며 살아남은 것은 그들이 아
니라 나이므로 살아남은 것에는 어떤 이유나 사명도 있을 수 없다고
말한다. 그처럼 자신이 살아남게 되었다는 사건의 폭력을 자기 자신
에게 합리화함으로써 간신히 삶을 지탱해나갈 수 있는 것도 베텔하
임이 보기에는 배척되어야만 하는 자기기만이었다. 나는 그 윤리적
명령의 엄숙함에 멈칫하지 않을 수 없었다.

나는 사건의 폭력에서 살아남았기 때문에 그와 같은 방편으로써
자신을 납득시킬 수밖에 없는 사람에게 그것은 자기기만일 뿐이며
'진실'에 직면하라고 말하는 것이 지닌 또다른 하나의 폭력성에 충격
을 받았다. 그러나 우리는 상상을 초월하는 대량학살이라는 '사건'을
가능하게 만들었던 눈속임[瞞着], 그 기만이 내포한 범죄성을 비판해
야만 한다. 그렇다면 우리는 자기 자신에게 행하는 기만도 거부하지
않으면 안 된다는 윤리적 사명을 띠고 있는 것이다. 한 가지 분명한
사실은 사건의 폭력에서 살아남기 위해 행한 것일지라도, 사건의 폭
력에 거짓된 의미를 부여하는 것은 그와 같은 부조리를 낳은 폭력의
근원도 기만 속에 계속 소생하게 된다는 점이다. 그것을 나에게 실감
하도록 만든 사건이 있다.

걸프전쟁Gulf War이 끝나고 1년 정도 지났을 무렵 전쟁으로 파괴된 바그다드의 대피소를 취재했던 일본의 한 저널리스트가 녹화된 비디오에 등장하는 한 이라크 여성의 말—아랍어의 이라크 방언—을 일본어로 번역해달라고 의뢰해온 일이 있었다.

걸프전쟁, 1990년 8월 이라크가 감행한 쿠웨이트 침공으로 시작된 이른바 '걸프만 위기'는 이듬해 1월 '걸프전쟁'으로 발전했다. 일본에서 '다국적군'으로 불리는 미국 주도의 연합군이 감행한 바그다드의 공폭空爆을 시작으로 약 2개월 동안 지속된 이 전쟁은 3월 연합군의 압도적인 승리로 막을 내렸다. 걸프만 위기, 걸프전쟁이라는 사건으로 막을 연 1990년대 10년간 나는 걸프전쟁 '이후'Post-Gulf War라고도 할 수 있는 시대를 살아온 것처럼 여겨진다(그 시대는 지금도 계속되고 있다). 그 계기가 되었던 걸프전쟁이라는 사건은 바로 어제 일어난 일인 듯 생각되지만 오늘날 우리 사회에서 걸프전쟁이라는 '사건'의 기억 자체는 '이라크'라는 나라에 대한 부정적 이미지만 사람들의 기억에 뿌리깊게 남겨놓은 채 하루가 다르게 급속히 희미해지고 있는 듯하다. 영화 〈라이언 일병 구하기〉도 그렇지만 미국이 자국의 역사를 어떤 모습으로 기억하고 있는가 하는 자기표상이 걸프전쟁이라는 사건에 의해 커다란 변용을 당하고 있는 것처럼 현대 세계가 존재하는 그대로, 일본 사회에서 유통되는 갖가지 언설도 이 사건에 의해 커다란 영향을 받고 있다는 사실을 일상의 사소한 부분에서 실감한다. 하지만 걸프전쟁이라는 사건은 많은 사람에게 이미 확실히 종결되어버린 과거의 사건으로 존재할 뿐인 듯싶다.

나는 의뢰를 받고 찾아간 사무실에서 그 비디오를 보았다. 그 여성—내가 아랍어의 독백을 일본어로 번역할 것을 의뢰받은 그 여성—은 대피소의 안내원이었다. 걸프전쟁 당시 연합군은 핀포인트pin-point 공격을 적극적으로 선전하고 있었다. 바그다드 시가지를 미사일로 공격하고 있었지만 그것은 군사시설만을 한 치의 오차도 없이 폭격하고 있다는 사전 선전이었다. 자신들의 군사작전에 반드시 '사막의'라는 형용사를 붙이고 한편으로 자신들의 테크놀로지의 초근대성을 강조하는 이와 같은 언설 전략은 에드워드 사이드가 '오리엔탈리즘'이라고 명명하여 비판했던 세계를 양분하는 사고, 즉 사막과 문명, 야만스러운 타자와 근대적인 우리라는 친숙한 이항대립의 도식을 노골적으로 반복하고 있었던 사실을 잊어서는 안 된다. 그런데 전쟁이 끝난 뒤 분명해진 사실은 핀포인트 공격이 실제로는 민간인 대피소를 직접 공격하여 그곳에 피난해 있었던 수많은 아이를 살해했다는 점이다.

그 대피소는 그곳에서 살해당한 아이들의 영혼을 위로하는 장소로 전쟁이 끝난 뒤에도 폭격받았을 당시 모습 그대로 보존되어 있었다. 가까스로 파괴를 면한 벽면은 꽃장식으로 테를 둘렀고 그 테두리 안쪽에 죽은 아이들 사진을 하나하나 걸어놓아 양초 바깥의 어둠 속에서 발하는 빛이 사진 속 아이들의 천진난만한 미소를 비추고 있었다.

그 상근 안내원은 그곳에서 자식을 잃은 어머니들 중 한 사람이었다. 그녀의 말은 기자에게 하는 설명이라기보다 독백과도 같은 것이었다. 그녀는 그저 하염없이 계속 말하고 있었다. 아니 말을 계속하여 토해내고 있다고 하는 편이 맞을지도 모른다. 마치 기계처럼. 그것은 자식을 살해한 미국과 부시 대통령, 그리고 연합군과 국제연합을 저주하는 원한에 사무친 말이었다.

혈육의 죽음을 마음으로 슬퍼하는 일이야말로 상실의 고통을 치유하기 위한 필수 불가결한 작업일 것이다. 그러나 그녀의 육신이 토해내고 있는 저주는 그와 같은 상실의 치유 작업과는 완전히 달랐다. 사담 후세인이 시켜서 자식이 죽임을 당한 지하의 어둠 속에 머물게 된 그 여성은 자식이 살해당한 바로 그때 그녀의 시간도 영원히 멈추어버린 듯이 어슴푸레한 지하 참호 안에서 자식을 죽인 자들을 자신이 살아 있는 한 계속해서 저주해 마지않을 듯한 모습을 하고 있었다.

그 여성은 자식이 당할 수밖에 없었던 부조리한 죽음이라는 사건의 폭력이 어디에서 비롯되었는지를 이야기하는 데 몸과 마음을 다 바치고 있는 듯이 보였다. 「아듀」에서 스테파니의 신체가 자신이 경험했던 사건의 폭력성을 철저히 망각함으로써 그 사건의 폭력에서 살아남았던 것과는 반대로 이 여성은 사건의 폭력을 끊임없이 상기하여 결코 잊어버리지 않고 그것을 타자에게 말한다—'사건'의 기억을 나누어 갖기를 요구한다—는 행위를 통해 삶을 지탱해나가고 있는 것처럼 보였다. 그렇다면 그녀는 베텔하임이 말한 무의미한 죽음이라는 사건의 '진실'을 회피하지 말고 직면하라는 매우 어려운 윤리적 요청을 실천하고 있는 것이라 할 수 있는가. 아니다. 결코 그렇지 않다.

자식을 잃은 어머니의 비탄. 그것은 해외 미디어를 통해 미국의 비도덕성을 호소하는 데는 적합할 수 있다. 나는 사담 후세인이라는 인간을 그 비디오를 보았을 때처럼 역겹게 생각한 적이 없었다. 나는 정치적 사욕 때문에 자식을 잃은 어머니를 그 폭력적인 사건의 기억에 갇힌 수인으로 만든 그 폭력에 대해 역겨움을 느꼈다.

자식이 부조리한 죽임을 당함으로써 자신도 자식을 빼앗겼다는 부조리한 폭력을 당한 그 사건의 치유하기 어려운 폭력성, 과거의 사건으로 길들이기 힘든 폭력성을 인간의 위약한 신체와 정신은 감내하지 않으면 안 된다. 그것을 정치적으로 이용하여 '사건'의 폭력이 지닌 그 부조리에 '의미'를 채워넣는다. 극악무도한 미합중국이라는 의미를. 소년의 무의미한 죽음에 세계를 좌지우지하는 악의 제국 미합중국이라는 보편적인 '악'의 '희생자'라는 '의미'를 주입한 것이다. 그것이 자식의 죽음이라는 폭력적인 사건의 그 부조리에 직면하는 것을 회피하도록 만든다.

미국이 소년을 살해했다고 말하는 것은 잘못이 아니다. 소년의 죽음, 그리고 이라크의 일반 시민에게 자행된 무차별적인 살육에 대해 미국과 연합군과 국제연합, 그리고 과거 그 전쟁을 지지했던 모든 나라가 책임을 져야 한다고 생각한다. 그것은 고발당하고 비판받아야 마땅하다. 그러나 동시에 사담 후세인과 그 정부도 소년의 죽음에 책임이 있다. 그들은 참기 힘든 고통을 가져다준 자식의 부조리한 죽음에 '의미'를 요구할 수밖에 없는 어머니의 심정을 몇 번이고 정치적으로 이용했는데, 거기에는 '악의 제국 미국'이라는 서사가 준비되어 있었다. 그리고 스스로는 제어할 수 없으며 과거의 사건으로 길들일 수도 없을뿐더러 현재형으로 계속해서 회귀하는 그 사건의 폭력성을 이용하여 그녀를 '사건'의 현재에 영원히 머물게 함으로써 그것에 대해 이야기하도록 만들었다.

그것은 기만의 서사다. 그리고 그 기만의 서사로 자신을 속이고 있는 한 '진실'과 마주 대한다는 인간 최후의 존엄까지도 빼앗기게 된다는 베텔하임의 말을 나는 그 여성의 모습에서 보았다. 사담 후세인 체제는 한 어머니에게서 자식의 죽음과 진실로 마주 대한다는 인간의 존엄마저도 박탈하고 있다.

그녀는 지금도 저 지하 참호의 어둠 속에서 자식의 죽음이라는 기억을, 사건의 서사를 계속해서 말하고 있지 않을까.

부인당한 타자

〈라이언 일병 구하기〉의 마지막 장면에서 공중에 펄럭이는 성조기가 함의하는 국가와 인간의 관계란 어떤 것일까. 성조기를 물들인 피가 늙은 라이언이 상기하는 사람들, 즉 대위를 비롯하여 자신을 구하려다가 죽어간 자들의 죽음을 상징한다면 그 피는 국가라는 존재의 이해관계에 따라 부조리하게 죽임을 당한 자들의 것이 아니라 오히려 인간의 정의를 지키기 위해 주체적으로 죽음을 선택한 자들이 흘린 피로 성조기를 물들이고 있다고 할 수 있다. 나는 그런 주체적인 인간의 행위가 성조기로 상징되고 있는 미국의 역사를 지탱하고 있으며 그런 휴머니즘의 원리, 즉 인간의 보편주의적 원리야말로 미국의 원리라고 주장한다고 이해했다.

〈라이언 일병 구하기〉는 자신의 전략적 이해를 위해 국민에게 희생을 강요하는 국가주의에 대항하고 있는 것처럼 보이게 하면서 미국의 국민주의를 칭송하고 있다. 그러나 그런 휴머니즘이 체현하는 미국의 국민주의를 칭송하는 일이 부조리한 죽임을 당할 수밖에 없었던 사람들의 수많은 죽음과 공유 가능한 집단적인 기억에서 배제된 사건을 망각하고 부인함으로써 비로소 가능하게 되었음을 잊어서는 안 된다.

작품의 마지막 부분에서 영화는 50년이라는 세월을 단번에 건너뛴다. 거기서 이야기되지 않은 사건 하나가 예컨대 베트남전쟁이다. 영화는 1970년대 미국 사회에 엄청난 정신적 외상을 남긴 경험이 되었던 그 사건이 마치 일어나지 않았다는 듯이 일거에 현재 라이언의 모습을 비춘다. 살아남은 라이언은 베트남전쟁 동안 어떻게 살았을까. 자신의 정의감에 따라 정의롭지 못한 것을 거부했던 라이언은 베트남전쟁에 대해 어떤 태도를 취했을까.

더욱이 영화 마지막 장면에서 피에 젖어 나부끼는 성조기가 상징하는 것은 미국인을 위해 미국인이 흘린 피일 따름이다. 영화는 미국인 때문에 흘린 타자의 피, 타자의 죽음을 이야기하지 않는다. 1970년대 후반부터 1980년대에 걸쳐 빈번하게 묘사되어왔던 미국인에게 살해당한 베트남 사람의 죽음이라는 사건은 여기서는 완전히 망각되어 있다. 이런 사태의 전개는 1991년에 발발한 걸프전쟁 승리 이후 미국에서 일기 시작한 내셔널리즘적 언설과 궤를 같이한다. 영화 〈커리지 언더 파이어〉(에드워드 즈윅 감독, 1996)*에서도 미국인 병사에게 폭력적 경험으로 기억되는 것은 자기편인 미국인 시신이 방치되어 있다는 사실이다. 이라크 병사의 사살은 그들 미국인 병사에게 어떤 상처의 흔적도 남기지 않는다. 일찍이 베트남전쟁을 묘사했던 일련의 영화에서 '타자'와 만나는 그 자체가 폭력적인 경험이라는 점이 반복적으로 그려지고 있는 사실을 고려한다면 '타자'의 존재가 빠져 있는 이들 서사는 명백히 사상적 퇴보라고 할 수 있다. 그리고 그것은 미국의 내셔널한 욕망과 결탁하고 있는 것처럼 생각된다.

그러나 영화라는 장르의 상호텍스트성inter-textuality은 의도하지 않은 사태를 영화에 반영하기도 한다. 피에 젖은 성조기를 클로즈업하는 것은 또다른 피에 젖은 성조기를 상기할 수밖에 없도록 만들기 때문이다. 기병대가 미국 선주민先主民을 학살한 사건을 묘사한 랠프 넬슨 Ralph Nelson 감독의 영화 〈솔저 블루〉(1970)가 그것이다. 영화에서 기병대에 포위된 선주민 샤이엔족 족장은 그들과 맺은 평화협정을 믿고 성조기를 내걸었지만 돌격 명령을 받은 기병대의 습격을 계기로 자신들이 배반당했다는 사실을 깨닫고 분연히 성조기를 땅바닥에 내동댕이친다. 평화의 표식으로 서로 교환한 것이 틀림없을 성조기는 돌격하는 기병대의 말발굽에 짓밟혀 뭉개진다. 넬슨은 영화를 통해 성조기가 상징하는 미국의 역사가 선주민 학살 사건 때문에 피로 물들고 성조기가 상징한다고 그들이 주장하는 휴머니즘 따위의 미국식 대의大義가 얼마나 기만적인지를 묘사하고 있다. 넬슨이 〈솔저 블루〉에서 그리고자 한 것은 바로 미합중국의 내셔널한 기억 속에서 망각된 채 이야기되지 않은 '사건'이며, 그렇게 함으로써 미국에게 부인당한 '타자'의 존재를 상기시키는 것이었다.

---

* 걸프전쟁을 소재로 한 할리우드 최초의 영화다.

넬슨은 〈솔저 블루〉에서 성조기를 전혀 다른 기억을 환기하는 것으로 다시 썼다. 그것은 분명 타자의 '사건'을 나누어 갖기 위한 행위다. 말하자면 스필버그의 〈라이언 일병 구하기〉는 타자의 '사건'을 나누어 갖고자 하는 넬슨이 다시 쓴 성조기를 다시 한번 미국의 '명예로운' 서사로 이야기하고자 한 작품이라 할 수 있다.

사건을 완결된 서사로 리얼하게 재현하고 싶어하는 스필버그의 욕망은 타자가 당한 폭력을 부인하고 망각하는 것이며 그의 내셔널한 경험, 내셔널한 욕망과 분리하기 어렵게 연관되어 있다.

제4장

기억의 정치학*politics*

상이병 사건

이야기하고 싶어하는 욕망이 내셔널한 경험, 내셔널한 욕망과 공범 관계를 맺고 일으키는 상태를 이번에는 일본 영화 한 편을 예로 들어 살펴보자. 그 전에 '기억'을 둘러싸고 벌어진 나의 개인적인 사건에 대한 기억을 말하는 것에서 이야기를 시작하고자 한다.

내가 아직 어렸을 때 일이다. 아마도 유치원 시절 아니면 초등학교 저학년 시절의 일이었던 것으로 여겨진다. 어머니와 할머니는 오후 3시가 되면 차를 마시곤 했는데, 그 시간에 두 분이 차를 마시면서 나누는 이야기 대부분은 전쟁시대를 떠올리는 추억담이었다.

어머니는 오후에 간식을 먹고 나서 "내가 꼬마였을 때는 이렇게 맛있는 과자는 먹을 수 없었다"는 이야기를 했으며, 고구마 과자를 먹을 때면 "맞아, 그런데 말이야, 전시중에는 고구마밖에 먹을 수 없었다"는 말을 했다. 그 무렵에는 "맞아, 그런데 말이야"라는 말에 무언가 덧붙여 "옛날 옛적 어느 곳에"라는 말과 마찬가지로 서사가 시작됨을 알리는 일상적인 클리셰cliche로 사용된 것으로 생각된다. 그리고 어머니와 할머니 사이에는 전시중과 전후 식량난이 심했던 시절의 추억담을 한참 동안 꽃피우는 일이 다반사였다.

어머니가 꼬마였던 시절 오랜만에 식탁에 올랐던 고기를 닭고기인 줄 알고 언니와 맛있게 먹었는데, 알고 보니 사실 개구리고기였다는 것과 배가 몹시 고파 공기구슬 주머니를 뜯어 그 안에 가득차 있던 생콩을 먹고 배탈이 났던 일 등을 이야기했다. 그러면 할머니는 "맞아, 그런데 말이야, 마을이 소개疏開되기 직전에 야마가타山形에서 먹었던 호두로 만든 찰떡은 참말로 맛있었지" 하며 맞장구를 쳤다. 이렇게 시작된 두 분의 이야기는 야마가타로 가던 도중 열차가 공습을 받아 손짐을 품에 끌어안고 논밭 한가운데를 부모와 자식들이 우왕좌왕하며 헤매던 일화로 이어졌다. 전투기가 머리 위로 어지럽게 날아가는 그 아래에서 "더는 이 이상 달릴 수 없으니까 너만이라도 도망치거라" 하고 말하는 할머니를 꼬마였던 어머니가 독려하면서 손을 끌다시피 하여 피신했다는 이야기를 서로 나누고 두 분 모두 매우 감동했다. 전쟁 때와 전쟁이 끝난 후의 고통스러웠던 시절에 대한 기억을 한동안 이야기했고 마지막에는 항상 전쟁이 끝나서 정말로 기쁘다는 말로 두 분은 이야기를 끝맺었다. 할머니는 옥음

방송玉音放送*을 들었을 때 아, 이제 마사히사가 절대로 군인들에게 잡히지 않고 죽지 않을 수 있겠다고 생각하며 진짜 기뻤다고 진지하게 말했다(옥음방송에서 무엇을 말하고 있었는지 도무지 알아들을 수 없었다며 옆에 있던 어머니가 말을 거들었다). "이대로 일본이 승리해 전쟁이 끝나지 않고 계속되었다면 생각만 해도 온몸에 소름이 돋을 것 같아. 모두 전쟁을 지겨워했지만 당시에는 그런 말을 할 수 없었어."("어째서 말할 수 없었나요"라고 어린 내가 어머니에게 물었다. 어머니는 "그런 말을 할 수 있었던 시대가 아니었어" 하며 나를 노려보며 꾸짖었다.) "특공대원들도 천황 폐하 만세를 외치며 죽은 사람은 아무도 없고 아마 마지막에는 모두 '어머니'를 외치며 죽었을 거야." 두 분의 어머니—나의 어머니와 어머니의 어머니—는 차를 마시면서 이런 이야기를 나누고 서로 고개를 끄덕였다. 두 분의 확신에 찬 모습은 왠지 나에게 아주 강렬한 인상으로 남아 있다. 비행기 안에서 홀로 죽어가는 사람이 마지막에 무슨 말을 했는지 그분들은 그것을 어떻게 알 수 있었을까 하는 생각이 어린 나에게 항상 불가사의한 기억으로 남아 있었다. 하지만 어머니와 할머니의 매우 확신에 찬 모습을 보면 그와 같은 질문을 하는 것이 어쩐지 바람직하지 않은 일을 하는 양 꺼려지는 것을 느낄 수 있었다.

일찍이 남편과 사별하고 가난 속에서 두 자식을 여자의 힘으로 길러야만 했던 할머니의 전시중뿐 아니라 전후의 생활이 매우 어려웠

---

* 천황이 미디어를 통해 직접 하는 방송으로 여기서는 1945년 8월의 히로히토천황의 항복 선언 방송을 말한다.

으리라는 사실은 어렵지 않게 상상할 수 있다. 전쟁이 끝나고 20여 년의 세월이 지나 그럭저럭 생활도 안정되었고 '그 무렵'의 힘들고 고통스러웠던 일을 떠올리며 이야기할 여유도 점점 생겨났을 것이다. 두 분에게는 '지금의 행복'이 정말 존재하기 어려운 일이었기에 일상 속에서 이따금 그 행복을 확인하지 않으면 안 되었을 것이다.

어린 나에게는 어머니가 꼬마였을 무렵의 이야기가 아주 오래된 옛날이야기처럼 생각되었다. 그러나 어른이 된 지금 생각해보면 그것은 기껏해야 20여 년 전의 일에 지나지 않는다. 그리고 당시 어머니와 할머니의 입장에서 보면 지금의 내가 중학교와 고등학교 시절의 일을 떠올릴 때와 마찬가지로 그분들은 친근감을 갖고 그 사건을 이야기하고 있었을 것이다. 이런 사실을 깨달았을 때 내가 태어나기 이전 아득히 먼 과거에 끝났다고 생각했던 전쟁이라는 사건이 실은 여전히 그 짙은 어두운 그림자를 드리우고 있었던 시대에 나 자신이 태어났다는 사실을 새삼스럽게 실감할 수 있었다. 그랬다. 당시 TV 드라마에서는 전쟁의 기억이 드라마의 서사 곳곳에 스며들어 있었고, 거리에 나가면 길모퉁이에서는 붕대를 감은 상이병傷痍兵이 듣는 이들에게 불안감을 자아내는 듯한 적적한 음색의 아코디언 연주를 하고 있었다.

모금 상자를 머리에서 내려놓고 아코디언을 연주하는 상이병의 모습을 보고 내가 어머니에게 "모금 상자에 돈을 넣지 않을 거예요?" 라고 물으면 어머니는 "그렇게 할 필요가 전혀 없어"라고 답했다. 거리에서 모금활동을 하는 모습을 볼 때면 항상 나에게 10엔짜리 동전을 쥐여주고 어서 모금함에 넣고 오라던 어머니가 왜 그때만큼은 그렇게 말했는지 이해할 수 없었다. 전쟁은 이미 몇 년 전에 끝났고 할머니건 어머니건 당신들은 모두 전쟁 탓에 고생은 했을지라도 상심하지 않고 일하며 열심히 살아왔는데, 그들은 전쟁에서 부상을 입었다는 이유만으로 일도 하지 않고 아주 옛날의 전쟁에 얽매여 있기 때문에 그런 사람은 도와줄 필요가 없다는 것이 어머니의 생각이었다. 아코디언을 연주하는 상이병 모습이 길거리에서 사라진 지는 이미 오래되었다. 하지만 어머니의 그 말이 30년이나 지난 지금까지도 잊히지 않은 채 기억에 남아 있으며 사소한 박자소리에도 군복에 붕대를 감은 병사의 모습과 불안감을 자아내는 듯한 아코디언 음색이 함께 되살아나는 것은 어린 내가 어머니의 그 설명을 결코 이해할 수 없었기 때문일 것이다. 적함敵艦으로 돌진하며 '어머니'를 절규하며 죽었을 것이라는 특공대원의 이야기에서 무언가 납득할 수 없는 위화감 같은 것을 느꼈듯이(아니 바로 그러했기 때문에 그것을 잘 깨닫고 있는 것이다) 전쟁이 끝나고 20여 년이 지난 당시에도 전시중의 추억을 떠올리며 할머니와 일상적으로 이야기하던 그 어머니가 전쟁에 얽매여 있다는 이유로 상이병을 동정하는 일을 거절한 것에 대해 비록 어렸지만 나는 납득할 수 없는 무언가를 느끼고 있었던 것이 아니었을까 하는 생각이 든다. '모순'이라는 말을 당시 아직 알지 못했지만 어린 내가 느끼고 있던 것은 어머니의 말이 모순된다는 감각이었던 것은 아닐까. 하지만 지금 새삼스럽게 생각해보면 그것이 결코 모순되지 않는다는 것을 알 수 있다.

할머니와 어머니는 소개되기 직전 야마가타에서 말이 전혀 통하지 않아 '주걱' 한 개를 파는 데도 힘들었다고 하며 도호쿠東北 방언으로 '주걱'을 무엇이라고 했는가를 떠올리고는 눈물을 글썽였다가 언제 그랬느냐는 듯이 자지러지게 웃어댔다. 어머니와 할머니의 전쟁에 대한 추억담은 무언가를 그리워하는 듯한 여운조차 느껴지게 했다. 어머니에게, 그리고 필시 할머니에게도 전쟁은 분명 과거의 사건이었을 것이다. 그러므로 그것을 이따금 떠올리고는 그때 겪은 몇몇 경험을 안심하고 이야기할 수 있었던 것이 아니었을까. 때로는 웃기조차 하면서. 두 분이 전쟁 때문에 고생한 것은 틀림없는 사실이다. 그러나 다행히 어머니나 할머니 모두 전쟁이라는 사건에서 혈육을 잃은 경험은 하지 않았다. 그리고 그분들이 전쟁중이나 전쟁이 끝난 뒤 겪은 고행은 '지금의 행복'으로 보상받고 있는 것이다.

그러나 길모퉁이에서 아코디언을 연주하던 상이병의 전쟁 기억은 결코 그분들과는 동일하지 않을 것이다. 일본 사회가 기적과도 같은 부흥을 달성하여 고도의 경제 성장에 엄청난 기세로 매진해나가고 있다는 서사 속에서 상이병은 그와 같은 서사에서는 누락되어 있는 사건의 존재를 증명하고 있는 것은 아닐까. 전쟁이란 사건이 결코 종료된 것이 아님을, 그리고 우리가 살아가는 '현실'이 실은 허위의 서사임을 고발하고 있는 것은 아닐까. 길모퉁이에서 우연히 마주친 상이병은 이미 다른 서사를 살아가고 있는 사람에게는 틀림없이 완결되었을 서사가 사실은 전혀 끝나지 않았다는 것을, 즉 사건이 다시 현재형으로 계속되고 있다는 것을 증명하고 있다. 상이병에 대해 노골적으로 혐오감을 드러냈던 어머니가 부인하고자 했던 것은 바로 그것이 아니었을까.

지금 다시 생각해본다. 전후 사반세기가 지난 현재 길모퉁이에서

자신이 당한 사건의 부조리를 국민에게 고발하고 있었던 자는 도대
체 어떤 사람이었던가라고.

기억을 말한다는 것

낭트3대륙영화제에서 그랑프리 수상은 물론 해외 영화제에서 여러
상을 받아 높은 평가를 받은 고레에다 히로카즈是枝裕和 감독의 영화
〈원더풀 라이프〉(1998)는 불가사의한 작품이다.

　서사는 어느 날 아침 초등학교처럼 보이는 낡은 목조 건물에 세대
와 나이가 서로 다른 십 수명의 남녀가 찾아오는 것에서 시작한다.
그들은 한 사람씩 방에서 직원의 면접을 본다. 그런데 그곳에서 면접
담당 직원의 설명을 통해 차츰 알게 되는 진실은 이들 남녀가 이미
죽은 사람들이라는 사실이다. 그들은 한 사람씩 차례로 면접을 보면
서 직원에게 자신의 삶을 회상하고 살아 있었던 동안 가장 행복했던
시절의 기억을 선택한다. 그들의 이야기를 듣는 연출진이 바로 '가
장 행복했던 시절의 추억' 장면을 재현하는 영화를 촬영한다. 그리고
죽은 자들은 그 영화를 보면서 가장 행복했던 시절의 기분을 느끼며
'저편' 세계로 여행을 떠난다. 그곳은 말하자면 이 세상과 저세상 사
이에 있는 연옥과 비슷하지만 연옥과 다른 점은 그곳이 심판의 장소
가 아니라 한없는 용서의 장소라는 사실이다. 죽은 자들의 면접을 맡
은 직원과 영화를 만드는 연출진 또한 사자死者며 그들은 저마다 사
정이 있어 '저편' 세계로 가기를 멈추고 있는 자들로 설정되어 있다.

이처럼 참으로 기발한 설정과 더불어 감독은 또하나의 실험적인 시도를 하고 있다. 그것은 십수 명이나 되는 사자가 어떤 사람인지를 살펴보면 알 수 있듯이 감독이 그 사자들 배역에 전문적인 직업 배우가 아니라 일반인을 기용했다는 점이다. 따라서 영화에서 그들이 말하는 기억이란 바로 그들 자신의 개인적인 기억이며, 작품은 그들이 자신의 지나간 삶을 회상하고 사건의 기억을 상기한다는 사건이 일어나고 있는 바로 그 순간을 다큐멘터리화하여 필름에 기록하고 있다고 할 수도 있다.

면접을 치른 사자들 중에는 틀림없이 요즘 유행하는 풍의 모습을 한 10대 젊은이도 있지만 노인도 포함되어 있다. 그들이 저마다의 인생을 회고하고 기억을 피력하는 행위를 통해 일본 사회가 1970년부터 1980년 사이에 경험한 사건을 파노라마적으로 조망한다는 점 또한 작품이 갖는 하나의 동기일 것이다. 영화가 아니고서는 불가능한 허구세계를 가벼운 리얼리즘으로 허구화함으로써 '역사'와 '사건'의 기억이라는 오늘날의 실정에 어울리는 테마와 맞붙고자 하는 의욕을 보인 작품이다. 바로 한 해 전에 도조 히데키東條英機*를 주인공으로 도쿄 재판을 묘사한 〈프라이드: 운명의 순간〉(이토 순야 감독, 1988)의 개봉 사실을 고려한다면 영화의 초점을 지극히 보통 사람이 일상에서 떠올리는 미니멈minimum한 기억에 철저히 제한함으로써 틀림없이 내셔널한 욕망과 노골적으로 결탁한 서사에 대항하려는 감독의 의

---

* 도조 히데키(1884~1948)는 일본의 군국주의자로 제2차세계대전이 끝난 직후 A급 전쟁범죄자로 극동국제군사재판에 회부되어 1948년 교수형에 처해졌다.

도도 있었을 것이다.

'카메라' 앞에서 사자들이 인생의 기억을 이야기하는 단편들을 통해 작품이 다양한 기억의 이야기로 구성되어가는 중에 한 여자를 사이에 둔 두 남자의 관계가 작품의 주요 서사로 전개된다.

사자들 중 한 사람인 초로初老의 남성이 추억을 선택하지 못한다. 그가 추억을 선택하는 것을 도우려고 연출진은 그 남성에게 그의 삶이 녹화된 비디오테이프를 건네준다(애당초 기발한 설정으로 시작한 서사였지만 대담하게도 인간의 일생을 녹화한 비디오테이프가 있다는 설정을 보고는 그저 아연할 수밖에 없었다). 그 남성이 추억을 선택하는 것을 거들어준 직원들 중 한 사람인 청년은 그 비디오테이프를 보고 그 남성의 아내가 과거 자신의 약혼자였음을 알게 된다. 그 청년은 전쟁에서 부상을 입고 젊은 나이에 죽은 것이다. 자신의 짧은 삶의 의미를 찾을 수 없었던 그는 추억을 선택할 수 없었고 '저편'의 세계로 가지 않고 그곳에 직원으로 남아 있었다. 그런데 그가 전사한 뒤 약혼자였던 여성은 맞선을 보고 그 남성과 결혼했던 것이다(그것은 아마도 그 시대 적지 않은 수의 여성이 경험했을 법한 일이다).

그 남성은 가까스로 추억을 선택한다. 서로 열렬히 사랑하여 결혼한 것은 아니었다. 아내에게는 예전에 사랑했던 남자가 있었다. 좋지도 않았지만 그렇다고 나빴다고도 할 수 없는 평범한 결혼생활. 인생은 이런 것이라고 생각하고 있었던 자신. 그러나 정년을 맞게 되고, 어느 날 아내와 공원 벤치에 앉아 실없는 대화를 나누고 있던 그때 아내와 둘이 살아온 수십 년의 인생이 자신에게 매우 소중한 무게를 지닌 것으로 느낀다. 그래서 지금부터 앞으로도 두 사람이 지금까지 살아온 것과 같이 조촐하게 일상을 보내야겠다고 다짐하는 모습을 그는 행복을 실감했던 순간의 기억으로 떠올렸다.

추억을 선택한 그 남성을 보내고 난 뒤 청년은 그 남성의 아내, 즉 과거 자신의 약혼자가 '저편'의 세계로 여행을 떠날 때 어떤 순간을 최고의 행복한 추억으로 선택했는지 조사한다. 그녀가 그의 출정이 있기 전 둘이서 공원 벤치에 앉아 있던 그때의 기분, 그에 대한 깊은 애정을 실감하던 그때를 인생에서 가장 만족한 순간으로 기억하고 있는 사실을 알고 나서 그 또한 그때의 추억을 자신에게 최고의 순간으로 선택하고 '저편'의 세계로 여행을 떠난다. 얼마 지나지 않아 또다시 다음 차례의 새로운 사자 무리가 도착하는 데서 서사는 끝을 맺는다.

자신이 살아온 인생 중 가장 행복했던 추억을 선택하는 일, 바꾸어 말하면 그것은 자신의 인생을 긍정한다는 것이다. 이 청년이 추억을 선택할 수 없었던 까닭은 젊어서 전쟁이라는 불합리한 폭력으로 죽게 되어 자신이 무엇 때문에 살았던 것인가 하는 인생의 의미를 긍정할 수 없었던 데 있었을 것이다. 하지만 살아남은 약혼자가 자신에게서 무한한 애정을 느꼈던 그 순간을 그녀 자신의 인생에서 가장 행복한 순간으로 기억 속에 새겨넣고 있었다는 사실을 알았을 때 그는 자신에게서는 결코 의미를 발견할 수 없었던 자신의 삶이 타자에게는 큰 의미가 있었다는 것을 알고 자신이 살았던 인생의 의미를 긍정할 수 있었다. 인간이 산다는 것의 의미는 결코 자신 혼자에게는 생겨날 수 없다. 그것은 사람과 사람이 뒤섞여 살아간다는 것, 즉 사람과 사람의 관계성에서 비로소 생겨나는 것이 아닐까.

나는 이 작품을 보고 사람이 사람과의 관계성에서 살아가고 있다는 사실을 다른 방식으로 실감했다. 앞에서 언급했던 바와 같이 사자들은 전문적인 직업 배우와 배우가 아닌 일반인들로 이루어져 있다. 전문 배우가 연기하는 사자가 대사하고 있는 것과는 대조적으로 일반인들이 연기하는 사자들은—그렇다고 하더라도 그들은 '사자'라는 설정 아래 카메라 앞에 앉아 자기 자신의 인생에 대해 이야기하고 있는 것이기 때문에 사실 어떤 연기도 하고 있는 것은 아니지만—직원의 물음에 자신의 기억을 더듬으며 자기 자신의 말로 대답한다. 그 대답에 직원 역할을 맡은 배우가 하는 응답도 물론 애드리브일 것이다. 문자 그대로 '리얼한' 대화는 전문적인 직업 배우가 맡은 사자와 직원이 나누는 대화와는 결정적으로 다른 점이 있다. '리얼한' 대화는 그 연기가 아무리 '자연'스럽다고 하더라도 쓰인 대사를 말하는 것과는 전혀 다르다. 무엇이 다른가.

추억을 말하는 사람들의 이야기에는 불안이 존재한다. 자신에게 리얼했던 사건을 말로 설명할 때 과연 타자에게도 리얼한 것으로 전달되는 것일까, 자신의 말로 사건의 리얼리티를 상대방에게 전달하고 있기는 하는 것일까, 자신의 말로 사건을 충분히 이야기하고 있는 것일까 등과 같은 불안이 있기 때문에 그들은 끊임없이 상대방에게 확인을 요구하면서 대화하게 된다. 스스로가 그 사건의 기억에 불안감을 느끼고 있기 때문은 아니다. 스스로는 아무리 확신에 차서 말하는 기억이라 하더라도 그것을 타자에게 이야기한다는 데서 불안이 생기는 것이다. 그러므로 단지 자신의 기억을 말하는 것이 아니라 "이것을 말하더라도 오늘날의 젊은이들은 잘 알지 못하겠지만 옛날에는 말이야" 하는 말이 무의식적으로 튀어나온다. 그리고 상대방의 반응을 살피는 듯한 기대와 불안이 뒤섞인 침묵이 한순간 있기도 하는 것이다.

전문 배우가 아닌 출연자의 말에 응답하는 면접자를 연기하는 전문 배우의 즉흥적인 반사 또한 암기한 대사를 말하는 것과는 달라서 어딘가 모르게 신뢰할 수 없는 무방비성을 띠고 있다. 그것은 당연하다. 자신의 대답에 상대방이 어떻게 반응할지 전혀 알 수 없기 때문이다. 그런 탓에 그 말은 불안하다. 배우의 그 대답—그것은 상대방이 말하는 내용에 대해 세부를 더듬는 것이거나 아니면 단지 앵무새처럼 남이 하는 말을 그대로 되뇌듯이 상대방의 말을 반복하는 것일 뿐인데—을 듣고 출연자가 재차 응답한다. 기억을 말한다는 행위는 화자와 청자가 주종관계로 이루어진 것이 아니라 화자와 청자가 공동으로 만들어가는 것이라고 나는 영화를 보고 생각하게 되었다.

그것은 끊임없이 이루어지는 듯한 이야기였다. 기억을 타자에게 말한다는 행위, 더욱이 자신에게 가장 소중한 기억을 사람에게 말한다는 행위가 어떤 것인지는 공교롭게도 그들의 이야기가 입증한다. 다만 사건의 기억을 말하는 것만으로는 불가능하다. 그것은 타자에게 이해되지 않으면 안 된다. 즉 사건의 리얼리티가 타자에게 확실하게 전달되지 않으면 안 된다. 사람이 기억을 말한다는 것, 더욱이 자신에게 매우 소중한 기억을 타자에게 말한다는 행위가 이처럼 타자가 이해해주기를 바라는 절실한 생각으로 가득하고, 사람의 말이 이토록 믿기지 않는 듯한 불안한 빛에 물들여져 있다는 것이 이야기 곳곳에서 나온다는 사실에 나는 안타까움을 금할 수 없었다.

전문 배우의 말에서 빠진 것은 자신의 기억을 타자에게 말한다는 사건에 내재되어 있을 것이 분명한 이 '불안감'이었다. 그러나 그것은 어쩌면 당연한 것일지도 모른다. 자신의 말이 리얼하게 상대방에게 전달되고 있을까 하는 그 불안을 그 말에서 떨쳐버리고 있는 것이 바로 전문 배우의 연기이기 때문이다.

등장인물이 되어 그 인물이 과거에 경험한 사건—그러나 배우 본인은 경험하지 않은 사건—을 추억하여 말하는 모습은 그 배우 개인이 경험한 사건인 양 자연스러워 보였다. 그러나 이런 확신에 찬 자연스러움이야말로 사람이 사건의 기억을 타자와 나누어 가져야 할 기억을 이야기할 때 결코 가질 수 없다. 연기가 아니라 실제로 사건을 상기하여 말한다는 리얼한 행위를 마주할 때 배우의 이야기에는 자신의 이야기가 받아들여지지 않을지도 모른다는 불안 때문에 사람의 말이 자연스러움을 띠고 타자를 향해 호소하는 목소리가 결정적으로 빠져 있는 것이다.

부인의 공범자

무의미하게 죽은 청년이 타자와 맺는 관계성에서 자신이 살아온 삶의 의미를 다시 파악하고 삶을 긍정한다는 서사는 무의미한 죽음—예컨대 영령英靈이라고 말하는 것과 같은—그 자체에 의미를 채워 거대 서사—내셔널한 서사—에 끌어들임으로써 무의미한 죽음이라는 사건 자체를 부정하는 듯한 기만 또는 내셔널한 욕망을 부정하는 것에서 성립하고 있는 듯이 보인다. 그러나 이 영화는 정말로 내셔널한 욕망과는 아무런 연관이 없는 것일까.

작품은 자기 삶을 긍정하는 것에 대해 따뜻한 시선을 보내고 있다. 타자와 맺는 관계성에서 자기 삶을 긍정하는 것과 무의미한 죽음의 무의미함을 부인하기 위해 의미를 부여하는 것은 같은 것이 아니다. 그러나 그것이 같을 수는 없지만 현재 이 나라에서 일어나고 있는 사태는 내셔널한 자기 긍정의 욕망으로 점철되어 있다고 생각한다. 그때 자기 삶을 긍정하는 것의 중요성을 긍정적으로 설파하는 일은 이런 내셔널한 자기 긍정의 욕망과의 친화성을 발휘하게 하여 이와 같은 위험성을 안게 되는 것이다. 작품이 내셔널한 욕망과 결탁하는 것을 거부하려면 자기 삶을 긍정하는 것을 둘러싸고 드러나는 이두 가지 태도―타자와 맺는 관계성에서 자기 삶을 긍정하는 태도와 무의미한 죽음이라는 '사건'의 폭력을 부인하기 위해 그 죽음에 의미를 부여하는 태도―가 서로 화해할 수 없는 대립관계에 놓여 있음을 작품에 암묵적으로 드러낼 필요가 있다. 최근 수년 동안의 일본 사회를 볼 때 내셔널한 욕망에 기초하고 있는 기억의 횡령 또는 서사의 횡령이라는 사태가 맹렬한 기세로 전개되고 있기 때문이다.

작품에서 연출진은 이야기된 기억을 참조하여 모든 사람의 인생에서 가장 행복했던 순간의 사건을 세트를 마련하여 재현했다. 기억하고 있는 그대로 재현된 세트에 서게 되었을 때 마치 「아듀」에서 스테파니가 재현된 광경 속에서 옴짝달싹하지 못하고 그대로 있었던 그 순간처럼 '그때'의 감정이 고스란히 되살아난다고 해도 이상한 일이 아니다.

여기에는 재현할 수 있는 것은 이야기될 수 있는 것이라는 인식이 깔려 있지만 역으로 이것은 말할 수 없는 것은 재현할 수 없다는 뜻이기도 하다. 그렇다면 말할 수 없는 것을 표상하려면 어떻게 해야 할까. 아니, 그와 같은 것은 애당초 표상할 수 없는가. 어릴 적 깔끔하게 양장 차림을 하고 언니 앞에서 춤을 추었던 기억을 선택한 여성은 아이였을 때 자신의 역할을 맡아 연기하는 어린 소녀에게 그때 추었던 춤동작을 손짓, 발짓을 하여 자세히 가르쳐주었다. "그래, 이쯤에서 손수건을 꺼내 춤을 추었지. 아 참, 그런데 그렇게 되면 손수건을 줄곧 쥐고 있었던 게 되는데, 음 손수건을 어디에서 어떻게 쥐고 있었는지는 잘 모르겠네……." 그녀에게 세부 기억은 모호하게 남아 있었다. 여기서 기억이—또는 기억이 매개하는 사건이—말로는 재현할 수 없는 부분을 숨기고 있음을 시사하고 있다. 그러나 문제는 그다음이다. 말로 설명할 수 없는 기억과 사건을 어떻게 표상할 수 있는가 하는 문제가 바로 그것이다.

그 여성의 기억을 재현하는 영상은 화면에 등장하지 않는다. 이는 말로 설명할 수 없는 것은 재현할 수 없다는 사실을 작품이 무의식적으로 고백하고 있는 것이 아닐까. 말로 이야기할 수 없는 '사건'의 잉여 또는 그런 잉여를 잉태하는 것으로서의 '사건'을 타자와 나누어 가지려면 어떻게 해야 하는가. 아니, 그와 같은 '사건'의 나누어 갖기는 도대체 가능한 것일까. 1990년대 들어서 과거 일본군 '위안부'였던 여성들의 증언을 비롯하여 '사건'에 대한 기억 나누어 갖기를 둘러싼 일련의 물음은 일본 사회에 제기된 문제 중 하나임에 틀림없다. 그러나 '사건' 나누어 갖기, 기억 나누어 갖기를 주제로 한 이 작품이 문제삼는 것은 말로 이야기할 수 있는 사건의 기억일 따름이다. 그런 이유로 이 작품에서 말할 수 없는 '사건'의 기억이라는 문제는 배제되어 있다. 그것은 다른 테마, 즉 다른 작품에서 다루어야 할 테마임을 말하는 것일 터다.

이런 점은 이 영화에 일본인만 등장한다는 사실과 무관하지 않을 것이다. 이는 때마침 그때 그곳을 찾아온 일본군 무리에 일본인이 아닌 사람들이 없었기 때문일까. 외부 집단에는 일본인이 아닌 사람들이 섞여 있지는 않았을까. 물론 사자들의 기억을 듣는 직원도 모두 일본인인 듯이 보였다. 그러나 만일 언어를 달리하는 사람, 민족과 국적을 달리하는 사자가 나타났다면 어떻게 되었을까.

실제 이 사회에서는 일본어를 하지 못하는 외국인이 적절한 통역자를 구하지 못한 채 법정에 서는 사태가 벌어지고 있다. 그곳에서는 일본어를 할 줄 모르는 사람들에게 이 작품에 묘사된 것과 똑같이 사건의 기억을 말로 재현하라고 요구하는 상황이 발생한다. 그때 '언어'가 그들에게 걸림돌이 되는 것이다. 사건의 기억을 말로 이야기할 수 있다고 소박하게 상정할 때 우리는 '언어'의 이런 물질성 때문에 좌절하지 않는 사람들, 언어가 마치 투명한 것인 양 행동할 수 있는 사람들의 존재를 자명한 사실로 받아들이게 된다. 바꾸어 말하면 우리는 '언어' 때문에 좌절할 수밖에 없는 사람들이 우리 사회에 존재한다는 사실을 잊어버리고 있다.

그렇지 않다면 언어를 둘러싸고 벌어질 수밖에 없는 혼란과 문제를 피하기 위해서는 처음부터 언어와 민족, 국적을 달리하는 사자들이 그곳에 가지 않도록 하는 조치가 사전에 강구되어 있는 것이 아닐까. 여권 통제passport control와 같은 것이 시행되고 있어서 그곳에 도착하기 전에 국적과 민족, 언어에 따라 미리 사자를 분류하는 작업을 다 마쳐놓고 있는 것이 아닐까. 만일 서사가 그와 같은 전제에 따른 것이라고 한다면 인간을 국적과 민족, 언어로 분류하는 일이 자명하고 자연스럽다고 생각하는 것이다. 바꾸어 말하면 그 자명하고 자연스러운 것이 납득하기 힘든 폭력에 노출될 수밖에 없는 사람들—예컨대 난민難民으로 불리는 사람들—의 존재를 완전히 배제하고 있는 것이 된다. 전시중 일본인 자격으로 징용되어 전사한 조선인은 도대체 누구에게, 어떤 말로, 어떤 사람으로서 자신의 기억을 말해야만 한다는 말인가.

'기억'이라는 주제를 다루는 일은 그런 다양한 물음을 환기하지 않을 수 없다. 1990년대라는 시대는 '기억' 나누어 갖기라는 문제를 둘러싸고 그런 다양한 물음이 일본 사회와 일본인에게 제기된 시대가 아닐까. 자신이 당한 '사건'의 폭력의 기억에 대해 증언하는 일은 수많은 장애를 극복하지 않으면 안 되는 지극히 어려운 행위다. 그리고 1990년대는 타자가 겪은 그런 '사건'의 기억을 우리가 어떻게 받아들이며, 어떻게 이해하고, 어떻게 나누어 가질 것인가라는 문제를 우리 사회에 절박한 과제로 제기한 시대는 아니었을까. 그러나 1990년대 말에 촬영된 이 작품은 그런 물음이 전혀 존재하지 않는 듯이—마치 스필버그가 홀로코스트라는 '사건'의 표상 불가능성을 둘러싸고 겹겹이 쌓아온 논의 따위가 마치 존재하지 않는 듯이 〈쉰들러 리스트〉를 촬영했던 것처럼—말할 수 있는 경험을 훌륭하게 재현한 영화로 칭송받고 있다. 그리고 미국인에게 타자의 존재를 망각하도록 한 〈라이언 일병 구하기〉와 마찬가지로 이 영화는 일본인에게 타자의 존재를 궁극적으로 잊어버리게 만들고 있다는 점에서 일본의 전후 경험을 그대로 반영하고 있다.

예컨대 간토대지진關東大震災* 직후 대나무숲으로 피난하여 모두가 주먹밥을 먹었던 경험을 어린 마음에 소풍처럼 즐거운 가장 행복했던 순간의 추억으로 선택한 나이 지긋한 여성이 있다. 연출진과 함께 재현한 소풍 장면에서 주먹밥을 들고 "옛날의 주먹밥은요, 이만큼이나 컸던 것 같은데요"라고 하면서 그녀는 갑자기 조선인이 공격해온다는 소문이 퍼졌던 일을 떠올렸다. 그리고 그녀는 "그것은 전부 헛소문이었습니다"라는 말을 덧붙였다. 이처럼 기억은 타자의 존재 흔적을 어렴풋하게나마 남기고는 있다. 그러나 작품 속에서 타자의 존재가 그 이상으로 이야기되지는 않았다. 타자의 존재는 망각된 채로 지워졌다.

과거에 일어난 사건의 기억이—언어화되어 완결된 서사로 이야기된 그 사건이—뜻하지 않게 침입한 타자의 기억에 의해 더이상 뒤죽박죽되지 않도록 기억은 그대로 봉인된다. 그리하여 모두 무의식적으로 타자의 존재를 부인하는 공범자가 되는 것이다.

어떤 사건은 매우 비참한 일상 속에서 경험했기 때문에 그 사람의 삶에 최고의 순간이 되는 경우도 있을 것이다.

---

* 1923년 9월 1일 일본 간토 지방에서 발생한 지진으로 일본 역사상 최대의 인적·물적 피해를 입었다. 1926년 도쿄 시청에서 발간한 『도쿄지진록 전집』에 따르면 이재민 약 340만 명, 사망자 9만 1344명, 행방불명 1만 3275명, 중상 1만 6514명, 경상 3만 5560명, 전소된 건물 38만 1090동, 전파된 건물 8만 3819동, 반파된 건물 9만 1232동에 이른다.

……매우 진지한 성격을 지닌 열여덟 살 소년이 싸움터에서 일본으로 돌아오지 않은 사실이 밝혀졌습니다. 그 소년은 현지에서 40세의 위안부를 끌어안고는 단 한 시간밖에 되지 않았지만 위로받는 일에 매우 감사해하였습니다. 이것은 실제로 있었던 일입니다. 이 한 시간이 가지고 있는 의미는 큽니다.

나는 그것을 사랑이었다고 생각합니다. 내가 불량소년 출신이었기 때문에 그렇게 생각했다고 말할 수도 있을 것입니다. 그렇지만 나는 이런 생각을 조금도 양보하고 싶지는 않습니다.

−쓰루미 슌스케†,『기대와 회상』하, 창문사, 234쪽

이 맥락에 따르면 그 소년이 싸움터에서 젊은 나이에 죽었지만 위안부 여성과 보낸 1시간을 '사랑'을 실감한 최고의 순간으로, 즉 자신의 짧은 인생에서 가장 행복한 한순간으로 상기했다고 할 수 있을지도 모른다. 그들은 소년이 말한 추억을 재현한 것이었을까. 그것도 가능한 한 리얼하게.

그러나 리얼하다는 것은 어떤 것일까. 그것은 누구에게 '리얼하다'는 것일까. 상대 위안부 여성을 연기한 사람은 '사건'을 리얼하게 재현하라는 요청에 앞서 무엇보다 그와 같은 근원적인 물음에 직면할 수밖에 없었을 것이다. 위안부 여성의 모습이 리얼하게 재현된다는 것은 소년의 눈에 비쳤던 그녀의 모습을 그의 기억에 따라 충실히

---

† 쓰루미 슌스케鶴見俊輔(1922~2015)는 일본에 미국의 실용주의를 도입한 철학자이자 비평가다.

재현한다는 것을 뜻하는가. 아니면 바로 그 위안부 여성에게 위안소라는, 쓰루미 슌스케의 말을 빌리면 '능욕의 장'에 폭력적으로 머무르게 된다는 상태가 어떤 것이었는가를 혼신을 다해 재현한다는 것인가. 여기서 다시 한번 발자크의 「아듀」를 상기하지 않을 수 없다. 「아듀」가 묘사하는 것은 그 여성 자신이 리얼하게 재현된 광경 속에 몸을 둘 때 남성의 기억에 있는 그 '사건'을 재현하는 역할을 연기하는 것을 그녀의 전 존재가 거부하고 죽어버렸다는 사실이다. 그것이 그녀의 리얼리티인 것이다. 그리고 쇼샤나 펠먼이 탁월한 분석을 통해 논의하듯이 '사건'을 재현하여 그 안에서 여성에게 남자의 기억 속에 있는 모습을 연기하도록 하는 것이 바로 남성의 내셔널리즘적인 욕망이라는 것이었다.

　나는 예전에 '위안부' 생활을 했던 한 여성이 위안소에서 있었던 일을 회상하는 글에서 어떤 친밀감을 느끼며 상냥한 한 일본군 병사의 이름을 누차 언급하는 것을 읽은 적이 있다. 그러나 그녀는 한동안 그 일본군 병사와 나누었던 추억을 이야기한 뒤 갑자기 이렇게 말했다. "하지만 나는 그를 사랑하지는 않았어." "그곳은 위안소였기 때문에 사랑한다는 일 따위는 있을 수 없었어." 그것이 정말 사랑이었는지, 아닌지를 문제삼고자 하는 것이 아니다. 일본군 병사와 함께 보낸 잠깐 동안의 시간이 그녀에게 더없이 행복했던 한순간이었다고 하더라도 그녀가 그 장면을 회상할 때 "사랑한다는 일 따위는 있을 수 없었어"라고 부인해야만 했던 바로 그 말의 의미를 생각해보아야 하지 않을까. 설령 그 일이 그녀가 자신의 인생에서 가장 행복하다고 느꼈던 한순간이었다 하더라도(그리고 설령 상대 남성 또한 그렇게 느꼈다고 하더라도) 그녀에게 그 일은 그와 같이 말할 수 없는 기억이다. 그 순간이 그녀에게 부정하기 힘든 가장 행복했던 시간으로 느껴지면 느껴질수록 그녀는 그것을 더욱더 강하게 부인하지 않으면 안 되었을 것이다. 그런데 연출진은 인생에서 가장 행복했을 때의 기억을 선택하지 않은 그녀에게 그녀의 인생 전체가 녹화된 비디오테이프―거기에는 '위안부'가 된 그녀의 모습이 그 시절 그대로 비쳐지고 있었을 것이다―를 보고자 한 것이었을까. 그녀가 그 일을 잊었다고 하더라도 과연 말할 수 있는 것일까.

이런 문제는 다른 작품에서 다루어야 할 테마일 것이다. 한 작품에서 이 모든 문제를 다룰 수는 없다. 그러므로 무엇보다 이 작품에서는 '타자'의 기억의 문제를 접할 수 없다고 말할 수도 있을 것이다. 그러나 굳이 말하면 자신의 판단으로 주체적으로 무슨 일인가를 선택할 수 있다는 것이야말로 특권이라는 점이다. 말로는 이야기할 수 없는 '사건', 즉 아직도 끝나지 않은 전쟁 서사에서 살아가고 있는 사람들에게는 스스로가 주체적으로 선택할 수 있는 가능성 자체가 박탈되어 있다. 그런 사람들의 존재, 그들에게 폭력적으로 회귀하는 '사건'의 기억을 '나'의 의지로 상기하고자 하는 마음이 생길 때까지, 자신의 서사 외부에 놓아두는 것(하지만 프리모 레비를 모방해보자. "지금이 아니면 언제"*라고). '나'의 의지와는 관계없이 폭력적으로 침입해오는 '사건'의 기억에서 자신의 서사를 지켜내는 것. 그것은 이 사회가 이들 타자에게 전후 일관되게 휘둘러온 망각의 폭력 그 자체를 덧

---

* "지금이 아니면 언제"는 프리모 레비의 마지막 장편소설의 제목이다.

씌우고 있는 것이 아닐까. 영화 〈원더풀 라이프〉는 작품과 '타자'가 맺는 관계가 전후 일본 사회와 '타자'가 맺는 관계를 리얼하게 표상하고 있다는 점에서 일본의 내셔널한 경험, 타자의 존재와 '사건'의 존재를 부인하는 내셔널한 욕망과 결코 연관이 없지는 않을 것이다.

어머니와 할머니가 차를 마시면서 나누었던 이야기. 그것은 분명 국가가 일으킨 전쟁이 악한 것이었음을 말하고 있다. 하지만 그 전쟁에서 부조리한 죽임을 당한 사람들, 전쟁이라는 '사건'의 폭력을 현재의 서사로 살아갈 수밖에 없는 타자의 존재를 상기하게 하는 기회를 없애고 자신의 피해만을 기억하고 상기하고 있다는 점에서 영화 〈원더풀 라이프〉와 마찬가지로 전후 일본 사회의 내셔널한 경험 그 자체를 반복하고 있으며 타자의 부인이라는 내셔널리즘적인 욕망, 그리고 내셔널리즘 자체를 나누어 갖고 있다.

제2부

표상의 불가능성을
넘어서

제1장

전이되는 기억

외부의 타자에게 이르는 길

'사건'의 기억은 어떻게 해서든지 타자, 즉 '사건' 외부에 있는 사람들과 함께 나누어 갖지 않으면 안 된다. 집단적 기억, 역사의 언설을 구성하는 이는 '사건'을 경험하지 않은 살아남은 사람들, 곧 타자들이기 때문이다. 그들과 그 기억을 공유하지 않으면 '사건'은 없었던 일로 되어버린다. 일어나지 않았던 일이 되어버린다. 그 '사건'을 경험한 사람들의 존재는 타자의 기억 저편, '세계'의 외부로 밀려나 역사에서 잊힌다.

'사건'의 기억이—'사건'의 기억에 매개되어 '사건' 자체가—타자에게 공유되어야만 한다면 어떻게 해서든지 이야기되지 않으면 안된다. '사건' 외부에 있는 타자에게로 이르는 길, 그 회로를 만들어내지 않으면 안 된다. 지금 존재하는 세계와는 다른 세계를 우리가 만들어 살아가기 위해서다.

그러나 지금까지 논의해왔던 것은 '사건'의 표상 불가능성이라는 문제, 즉 '사건'은 언어화될 수 없다는 문제였다. '사건'이 언어로 재현된다면 반드시 재현된 '현실' 외부에 누락된 '사건'의 잉여가 있다는 것. '사건'이란 항상 그와 같은 어떤 과잉을 잉태하고 있으며 그 과잉이야말로 '사건'을 '사건'답게 만들고 있는 것일 터다. 그리고 '사건'의 폭력을 현재형으로 살아가고 있는 사람들은 그런 이유로 그 사건에 대해 말할 수 없었던 것이 아닐까.

그렇다 하더라도—아니 바로 그렇기 때문에—지금 말할 수 없는 '사건'은 말해야만 한다. '사건'의 기억을 타자와 공유하기 위해서. 그리고 그것을 위해 '사건'의 기억은 타자가 말하지 않으면 안 된다. 스스로 말할 수 없는 그들을 대신해서 말이다.

타자에 의한 표상의 폭력이라는 말이 있다. '사건'의 기억이 타자에게 공유되지 않고 '사건'의 기억과 그 기억 속에서 살아가는 사람들의 존재가 '세계' 외부에 방치되어온 것 자체가, 말하자면 그들 '사건'이 타자에 의해 일방적으로 자리매김되고 이야기되어왔다는 것 자체가 바로 타자에 의한 일방적인 표상이라는 폭력의 결과이기도 하다. 그러나 타자에 의한 표상의 폭력을 깊이 인식한다는 것은 우리가 타자에 대해 말하는 것을 철저히 억제하고 당사자 스스로가 말하도록 한다는 것과는 다른 것이 아닐까. 당사자가 이야기할 필요가 없다고 말하려는 것이 아니다. 당사자가 이야기한다는 것이 당사자에게 그 '사건'에 대해 스스로 말할 수 있는 장소와 기회를 주어 당사자의 말로 우리는 알지 못하지만 당사자만 알고 있는 '사건'의 '진실'을 우리가 이쪽에서 듣는 것이라 한다면 그것은 '사건'의 기억을 공유하는 것과는 다르지 않을까 하고 생각하는 것이다.

'사건'을 경험했고 그 '사건' 내부에 있었기 때문에, 그래서 '사건'의 폭력을 지금도 계속 겪고 있기 때문에 그 사건에 대해 말할 수 없는 사람들이 있다. 아니 학살 '사건'처럼 폭력을 온몸으로 경험한 사람, 즉 죽은 사람은 사자인 까닭에 이미 자신이 당한 폭력, 그 '사건'에 대해 증언할 수 없다. 그런 이유로 타자가 사건을 말해야만 하는 것은 아닐까. 타자—'사건' 외부에 있었던 제3자—가 증언해야만 하는 것은 아닐까. 그렇다고 그것이 말할 수 없는 사람들을 대신하여 그 '사건'을 제멋대로 표상해도 좋다는 뜻은 결코 아니다. 말로는 이야기할 수 없을 것이 분명한 그 '사건'에 대해 말하려는 우리가 '말할 수 있는 사람'으로 행동하려 한다면 그 순간 우리는 '사건'을 배반하게 될 것이다. 표상 불가능한 '사건'을 표상하는 것, 말할 수 없는 '사건'에 대해 말하는 것. 그것은 무엇보다도 '사건'의 말할 수 없음 자체를 증언하는 것이 되어야만 하지 않을까.

그러나 그와 같은 말하기는 어떻게 하면 가능한가.

헬 위드 베이브 루스

타자에 의한 '사건' 공유를 미친 듯이 바라는 사람들, '사건' 내부에서 살아가는 사람들은 '사건'을 영유할 수 없다―'사건'의 폭력을 현재형으로 다시 살아가는 사람들의 일이며, 또한 사자들의 일이기도 하다. 오히려 '사건'이 그들을 영유하고 있다. 그리고 말로는 이야기할 수 없는 '사건'이란 무릇 그와 같은 것이다. 말하자면 사람이 '사건'을 영유하는 것이 아니라 '사건'이 사람을 영유하는 것이다. 그렇다면 그와 같은 '사건'을 표상하는 서사는 사람이 '사건'을 영유하는 것이 아니라 '사건'이 사람을 영유한다는 그 사실을 타자와 나누어 가지려고 해야만 한다.

　발자크의 단편소설 「아듀」에서 '아듀'라는 말을 했던 사람은 누구인가. 기억을 잃어버린 스테파니의 입에서 나온 '아듀'라는 말. 그것은 누구의 말인가. 광기어린 스테파니의 말인가? 아니면 제정신이 아닌 현재 스테파니의 입을 통해 그녀 안에 자리잡은 저 과거의 스테파니가 말하는 것인가? 아니 이렇게 말할 수는 없을까. 정신을 잃은 스테파니의 목소리를 통해, 그리고 억압된 스테파니의 존재를 통해 그 '사건'이 '사건' 그 자체의 기억을 이야기하고 있는 것이다라고 말이다.

　〈사자死者들의 목소리〉라는 TV 다큐멘터리 프로그램을 본 적이 있다(오오카 쇼헤이,* 『레이테 전기戰記』, 1995년 8월 15일 방영, NHK). 작가 오오카 쇼헤이의 『레이테 전기』를 제재로 과거 필리핀 레이테섬에서 있었던 전쟁터의 기억을 묘사한 작품이다. 『레이테 전기』는 오오카 쇼헤이의 서술을 씨줄로 하고 레이테전투에서 살아남은 당시 일본 병사들과 미국 병사들의 증언 및 섬 주민들의 증언을 날줄로 하여 구성되었다.

레이테섬 리몬 고개에서 벌어졌던 결전. 당시 하사관이었던 한 미국인 병사의 말에 따르면 그 전투는 자신의 병력兵歷 중에서도 가장 가혹했다. 그 전투에 대해 당시 대위였던 여든 살의 또다른 미국인은 일본에서 찾아온 일본인 취재반에게 참호 안으로 퍼붓는 비를 피하려고 일본 병사 시신을 끌고 와서 자신의 참호에 걸쳐놓고 덮개로 사용하며 밤을 새웠던 기억을 이야기했다.

물량 면에서 위력을 발휘한 미군에 반해 탄약마저 바닥난 일본 병사들은 적군을 놀라게 하려고 영어를 부르짖으면서 돌격했다. 당시 그 미국인 대위에 따르면 돌격해오는 일본 병사들 중 한 사람이 이렇게 외쳤다고 한다. "헬 위드 베이브 루스Hell with Babe Ruth(베이브 루스와 함께 지옥에나 떨어져라)!" 베이브 루스는 과거에 유명했던 미국 야구 선수의 이름이다. 그런데 "어찌하여 베이브 루스인가"라면서 노년의 대위는 의아해했다. 그는 "'헬 위드 루즈벨트'라면 이해되지만"이라고 말했다.

전투가 한창인 전쟁터 한복판에서 그 대위가 뜻하지 않게 맞닥뜨린 자기 나라 야구 선수의 이름. 죽음을 향해 돌진해오는 일본 병사의 입에서 나온 그 말. 그는 그 사건에 어떻게 해서든지 합리적인 이

---

* 　오오카 쇼헤이大岡昇平(1909~1988)는 소설가로 제2차세계대전 종군 경험을 바탕으로 '포로기'를 썼고 이후 『들불』, 『레이테 전기』 등 전쟁문학의 걸작을 발표했다.

유를 갖다 붙이려고 했다. 그는 아마도 일본인에게는 미합중국 국민 중 베이브 루스가 가장 유명한 사람이었기 때문일 것이라고 설명했다. 그러나 그 스스로 자신의 그 설명에 납득하고 있지 않은 것은 아닐까 하는 생각이 들었다. 만일 납득했다면 그가 그와 같은 설명을 굳이 할 필요는 없었기 때문이다.

전쟁이 끝난 지 이미 50여 년의 세월이 지났지만 당시 일어났던 사건의 기억을 나누어 갖기 위해 그의 앞에 나타난 일본인을 향해 미국인 대위가 일본 병사가 절규했던 그 말을 이야기하며 전했다. 마치 그 말이, 그 일본 병사가 그 전쟁터에서 무심코 던졌던 바로 그 말이 당시 미국인 대위가 그것을 자신의 것으로 기억 속에 영유하는 것을 망설이게끔 하는 무언가인 듯이, 그리고 그 무언가를 마치 혈육에게 유품을 건네주듯이 일본 취재반에게 들려주었다.

적진을 향해 돌격하면서 일본 병사들이 차례대로 영어를 외쳤던 까닭은 그것이 '돌격'임을 적병에게 이해시켜서 물량 면에서 우세한 미국 병사를 적어도 동요하게끔 만들려는 의도가 있었다고 당시 그 전투에 참여했던 일본 병사의 증언을 통해 알려졌다. '돌격'임을 이해시키려는 목적으로, 지금 일어나고 있는 사건의 그 '의미'를 전달하려는 목적으로 구태여 타자의 언어로 내뱉은 그 말. "루스벨트라면 이해하겠지만"이라고 그 대위는 말했다. 그렇다. 분명 그러할 것이다. 그리고 일본 병사가 그 당시 외쳤던 말이 만일 루스벨트였다면 그 대위는 50년이 지난 지금 과연 그 말을 기억할 수 있었을까. 그것이 루스벨트였다면 그것은 그때 일어나고 있던 사건의 의미를 더할 나위 없이 명확하게 설명하는 말로 그는 그 의미를 이해하고 있었을까. 말은 투명한 것이 되어서 사건과 그 사건의 의미를 무매개적으로 매개한다. 그러나 투명한 까닭에 그 말은 기억 속에 어떤 흔적도 남기지 않았던 것이 아닐까.

"헬 위드 베이브 루스"……. 사건의 의미를 생각하려 할 때 그 말이 말이라는 물질성, 불투명성을 노골적으로 드러내어 생각하는 데 걸림돌이 된다. 그가 그 사건의 의미를 이해하는 것, 그 사건을 완결된 서사로 영유하는 것을 그 말은 거부한다.

왜 베이브 루스인가. "헬 위드 베이브 루스"……. 합리적인 설명을 할 수 없는 그 말이 전후 50년 동안 일상 속에서 때때로 우연히라도 그의 뇌리에 되살아나고 있었는지, 어떠했는지는 알 수 없다. 다만 한 가지 분명한 사실은 반세기가 지난 뒤 그 전투에 대해 질문을 받았을 때 그에게 그때 들었던 일본 병사의 목소리가 회귀했다는 사실이다. "헬 위드 베이브 루스"……. 그는 일본 병사의 그 말을 되풀이했다. 그가 결코 영유할 수 없는 말. 자신의 것으로 할 수 없는 말. 그러나 자신에게 들씌워져 자신을 놓아주지 않는 그 말. 기억 속에 자리 잡은 그 끝을 알 수 없는 '사건.'

"헬 위드 베이브 루스"……. 죽음을 향해 돌격하는 그 순간 왜 그 말이 입에서 발설되었는지, 당시 일본 병사 자신도 이해하지 못했을지도 모른다. 왜 베이브 루스인가. 그러나 베이브 루스라는 이름과 함께 그 고개에서 당시 한 일본 병사가 부조리하게 죽어간 바로 그 '사건'의 기억이─그때 그가 무엇을 보고, 무엇을 느끼고, 무엇을 생각하고 있었는지 그것은 여전히 설명할 수 없는 '사건'의 어둠 속에 비밀로 남겨진 채─우리에게 회귀한다. '사건'의 잉여 부분, '서사'에

텅 비어 있는 캄캄한, 알 수 없는 개구부의 존재를 지시하는 듯이.

"헬 위드 베이브 루스"……. 그것은 도대체 누구의 목소리인가. "헬 위드 베이브 루스"라고 귀신이 들린 듯이 지금 내가 되풀이해서 쓸 때 그것을 말하고 있는 자는 누구인가. 내가 말하는 것일까. 아니면 내 기억 속에 있는 그 대위가 말하는 것일까. 그것도 아니라면 그 일본 병사란 말인가. 아니면 그 일본 병사 속의 그 자신도 알 수 없는 그 무엇이 말하고 있는 것인가. 만일 그렇다면 '사건' 자체를 말하고 있는 것이 아닐까. "헬 위드 베이브 루스"라는 그 말은 '사건'의 잉여인 표상 불가능한 '사건'의 존재를 가리키면서 '사건'의 기억을 타자에게로 전이시킨다.

제2장

영유하는 것의 불가능성

봉인된 잉여

순식간에 수천 명의 목숨을 앗아간 '대지진'이라는 '사건'에 대해 이야기한 대비적인 서사 두 가지가 있다. 하나는 한신대지진阪新大震災의 기억에 대해 말한 "메시지를 기억하라"라는 제목의 신문기사고, 다른 하나는 하인리히 폰 클라이스트Heinrich Von Kleist*의 단편집 『칠레의 지진Das Erdbeben in Chili』에 수록된 표제작이다.

---

* 하인리히 폰 클라이스트(1777~1811)는 독일의 극작가이자 소설가다. 비극 『슈로펜슈타인가Die Familie Schroffenstein』(1803), 희극 『깨어진 항아리Der zerbrochene Krug』(1812), 『암피트리온Amphitryon』(1807), 소설 『미하엘 콜하스Michael Kohlhaas』(1810) 등을 남겼다.

2000년 1월 7일 〈아사히신문〉 석간 사회면에 대서특필되었던 그 기사는 1995년 한신대지진에서 자식을 잃은 여성의 이야기다. 일흔 살을 넘긴 그녀는 꽉 비틀어 짜 막대기처럼 딱딱하게 굳어버린 걸레를 유품으로 간직하고 있었다. 그녀는 지진이 일어나기 전해 연말에 귀향한 자식이 집안일을 돕고 나서 비틀어 짠 걸레라고 말했다. 해가 바뀐 새해 첫 달에 자식은 지진 때문에 죽었다.

기사는 다음과 같다.

그녀는 장례를 마치고 나서도 자식의 죽음을 믿을 수 없었다. 그녀는 유골을 바다에 뿌릴 결심을 했다. 바다에서 영원한 생을 되풀이할 수 있기 때문이다. 자연장自然葬을 독려하는 단체에 가입하고 있어서 죽은 자식의 딸도 이해해주었다. 고베神戸항 앞바다에서 손녀와 산골散骨*을 치른 것은 그해 4월의 일이었다. 걸레는 그녀의 집에 남았다.

꽉 비틀어 짜서 풀 수 없는 그 모양처럼 그녀는 기억이 풍화되지 않기를 바랐다……

지진이 발생한 그해가 저물어갔고 그녀는 의사에게서 우울증 경향이 있다는 진단을 받았다. 의사가 처방해준 약을 먹으면 곧바로 상쾌한 기분이 되곤 했다. 그러나 그녀는 약을 먹는 것을 그만두었다. 이대로 가면 자식을 잃은 슬픔마저도 희미해져버릴 것이라는 두려움 때문이었다.

---

* 유골을 바다에 뿌리는 장례식을 말한다.

그리고 기사는 다음과 같이 끝을 맺고 있다.

허전할 때는 가까운 바다로 나가 뜰에서 미소짓는 사계四季의 꽃 잎을 따다가 바다에 뿌렸다. 오사카大阪에 사는 손녀로부터도 바다에 나갔다 왔다는 연락이 오곤 했다. 바다와 걸레. 바람이 멎어 파도가 잔잔해진 날에도, 날씨가 사나운 날에도 자식과 무언가 알 수 없는 끈으로 이어져 있었다.

지진이라는 '사건', 그것 때문에 자식을 빼앗겼다는 '사건', 그 사건 을 경험하지 않은 자는 결코 상상할 수 없는 타자가 당한 폭력적인 '사건'의 기억. 서사화된 이 기사를 읽고 그것이 갑자기 친근하게 느 껴졌다. 자식의 죽음을 애도하는 어머니, 바다에서 치른 산골, 자식 이 비틀어 짜준 걸레, 치유할 수 없는 슬픔, 그 슬픔과 함께 기억 속 에 계속해서 살아남아 있는 자식, 영원한 생, 자식과 무언가 알 수 없 는 끈으로 이어져 있다는 실감……. 우리는 이것을 공감하고 이해한 다. 그 무자비한 폭력성으로 인해 낯선 '타자'의 사건이라고 생각했 던 그 '사건'을 보편성의 사건으로 이해하게 된다.

그것이 서사적인 서술 양식으로 쓰인 이 기사의 목적 중 하나라고 할 수도 있다. 지진이라는 폭력적인 사건을 경험한다는 것이 그 사건 을 경험하지 않은 대다수 사람에게도 이해될 수 있고 인간적인 공감 을 불러일으킬 수 있는 사건으로서 제시되는 것, 어쩌면 그 기사는 '사건'을 그와 같은 취지로 이해하기를 바라는 독자의 욕망에 호응한 것일지도 모른다. 여기에는 '사건'을 서사로 영유하고 싶어하는 욕망이 자리잡고 있다.

"바다와 걸레. 바람이 멎어 파도가 잔잔해진 날에도, 날씨가 사나운 날에도 자식과 무언가 알 수 없는 끈으로 이어져 있었다"는 말은 서사가 도달한 종착점을 독자에게 보여준다. '사건'을 서사로 완결하는 말. 그렇게 말함으로써 화자는 '사건'을 서사로 영유한다. 그 서사를 읽음으로써 독자도 '사건'을 서사로 영유한다. 전대미문의 '사건', 한순간에 일어난 '사건' 때문에 하나뿐인 자식을 잃었다는 폭력적인 '사건'. 그러나 자식과 무언가 알 수 없는 끈으로 이어져 있음을, 자식의 영원한 생을 바다와 걸레를 보면서 매일매일 실감하는 어머니. 서사는 끝나고 독자는 이해하고 감동한다. 거기에는 읽는 사람을 불안에 빠뜨리거나 위협하는 일은 전혀 존재하지 않는다. 왜냐하면 모든 것을 이해할 수 있기 때문이다. 상상을 초월한다고 생각했던 '사건'이, 어찌할 수 없는 폭력의 거대함으로 인해 생각하기조차 꺼려졌던 '사건'이 지금 또다시 우리의 기억 속에서 불안정한 거처를 찾을 수 있기 때문이다. 그래서 우리는 그 서사를 자신이 떠올리고 싶을 때 떠올릴 것이다. 칠흑처럼 어두운 동굴 속 저 깊은 곳에서 꿈틀거리는 '사건'의 기억이 그 벽을 뚫고 올라와 서사를 허물어뜨리고 폭력에 침윤된 그 기억을 넘쳐흐르게 하면서 우리에게 다가올 수는 없다. 그 기억은 봉인된 것이다. 서사 밑바닥을 향해 입을 크게 떡 벌리고 있는 저 개구부, 말할 수 없는 '사건'의 잉여를 향해 연결되어 있는 저 동굴—황천으로 향해 가는 길—을 영원히 막아버린 봉인.

위장 플롯

사람이 '사건'을 영유하는 것이 아니라 '사건'이 사람을 영유한다. 기억도 그러하다. 즉 사람이 '사건'의 기억을 소유하는 것이 아니라 기억이 사람을 소유한다. 그와 같은 '사건'의 기억을 타자가 영유할 수 있다면 그 '사건'에 대해 말하는 서사에는 사람이 그 '사건'—또는 '사건'의 기억—을 영유할 수 없는 불가능성의 징후가 새겨져 있지 않으면 안 될 것이다. 나는 그 예를 클라이스트의 단편소설 「칠레의 지진」에서 찾았다.

"서사시적 이야기가 카타클리즘cataclysm, 天變地異과 카타스트로피catastrophe(페스트, 화재, 식민지 폭동)를 배경으로 하는 것"을 하나의 특징으로 하는 클라이스트의 작품(『칠레의 지진』, 클라이스트 단편집 번역자 다네무라 스에히로 해설에 따른 것)은 인간의 신체에 폭력적으로 생기生起하는 '사건', 그래서 인간이 영유할 수 없는 '사건'의 기억에 대해 이야기하고자 하는 의도를 갖고 있다. 사건의 기억을 이야기함으로써 사람이 '사건'의 기억을 서사로서 영유하기 위해서가 아니라 인간이 결코 길들일 수도, 영유할 수도 없는 것으로서 그 기억을 말함으로써 '사건'을 사건의 표상 불가능한 잉여, 암흑의 심연과 함께 나누어 가질 수 있는 가능성을 추구한다.

「칠레의 지진」은 작품 시작 부분을 인용하면 "칠레왕국의 수도 산티아고에서 수천 명의 목숨을 앗아간 1647년의 대지진" '사건'에 대해 이야기한다. 완벽하게 다듬어진 그 서사를 과연 어떻게 요약할 수 있을까.

헤로니모 루게라와 도나 호세페라는 한 쌍의 연인이 있었다. 부친의 노여움을 사서 연인 헤로니모와 헤어지게 된 호세페는 수녀원에 들어간다. 어느 날 밤 그녀는 수도원 정원에서 헤로니모와 밀회를 나누고 임신한다. 성체 봉축일 행진이 한창일 때 그녀는 갑자기 진통이 시작되어 아기를 낳는다. 호세페는 수녀원 법을 어긴 죄로 참수형을 선고받고 헤로니모 또한 감옥에 갇힌다.

호세페를 처형하기로 한 날 범죄자의 형장 도착을 알리는 종소리가 울려퍼진 바로 그때 지진이 일어난다. 길가 건물이 순식간에 무너져내리고 거리는 혼란에 빠진다. 처형을 면한 호세페는 불길에 휩싸인 수녀원에서 갓난아기 펠리페를 구출하는 한편, 헤로니모는 허물어진 감옥에서 탈출한다. 그리고 그들은 시가지 밖 들판에서 기적적으로 재회하게 되고 그들은 신에게 감사의 기도를 드린다.

다음 날 아침 들판에는 재해를 당한 주민들이 피난해오고 그들 중 돈 페르난도가 두 사람 곁으로 와서 쉬고 있는 아내를 대신하여 자신의 갓난아기 후안에게 호세페의 모유를 수유해달라고 애원한다. 호세페는 이를 흔쾌히 승낙한다. 호세페의 호의에 감격한 페르난도는 두 사람을 자신의 가족이 야숙野宿하고 있는 외딴집으로 식사 초대를 한다. 초대받은 호세페와 헤로니모는 페르난도의 가족에게 따뜻한 환대를 받는다.

헤로니모와 호세페는 묘한 마음이 들었다. 그들이 자신들에게 베푸는 친절과 호의를 몸소 느끼자 지난 일, 처형장, 감옥과 종소리를 어떻게 이해해야 좋을지 알 수 없었다. 그 일들은 단지 꿈이었던 것일까. 그들을 위협한 그 끔찍한 소음 속에 내던져졌던 지난날의 충격에서 벗어난 이쪽 사람들은 모든 것을 용서하고 있는 듯이 보였다……

호세페는 자신이 마치 천국으로 향하는 축복받은 사람들 속에 있다고 생각했다. 또한 세상에 엄청나게 비참한 상태를 초래한 어제를 하늘이 일찍이 자신에게 베풀지 않았던 은혜라고 부르고 싶은 마음을 억누를 길 없었다. 그리고 실제로 사람들이 이루어놓은 세속의 재산이 모두 사라지고 자연이 통째로 파괴될지도 모를 위기에 처한 저 끔찍한 순간의 한가운데에서야 비로소 인간 정신이 마치 아름다운 꽃처럼 피어나는 듯했다. 마치 저들과 함께 겪는 불행이 그 불행을 면한 사람들 모두를 한 가족으로 변화시켜놓은 듯이 눈에 들어오는 들판에는 온갖 신분의 사람들이 한데 뒤섞여 있었으며, 영주들과 거지들, 귀부인들과 농가 여인들, 관리와 일용인부들, 신부들과 수녀들이 서로 동정을 베풀면서 도와주었고 서로 생명의 끈을 놓지 않으려는 의지가 되려는 듯이 모든 것을 즐겁게 나누는 모습을 목격한 것이다.

어제 호세페를 죽이라고 부르짖었던 사람들이 대지진 때문에 일어난 폭력에서 살아남게 됨으로써 신의 가호에 감사드리고 타자에 대한 관용에 눈떴으며, 상대방을 암묵적으로 서로 용서했고, 서로 돕는 친절한 모습으로 바뀐 것이다.

여진도 가라앉고 피난민들의 마음도 진정될 즈음 유일하게 재난을 면한 성도미니크 수도원에서 앞으로 닥칠지도 모를 재앙으로부터 자신들을 보호해줄 것을 신에게 기도하기 위한 미사가 진행될 순서가 되자 호세페와 헤로니모도 페르난도 가족과 함께 미사에 참석한다.

"이 무너진 세상의 잿더미 속에서 하늘에 계신 신을 향해 모일 수 있는 사람들이 있음에 감사하고 칭송하고 축복하는 말"로 시작한 사제의 설교는 이윽고 도시의 도덕적 타락에 대한 비난으로 바뀌었고, 그것은 다시 수녀원 정원에서 일어난 신에 대한 모독 행위의 규탄으로 발전한다. 그때 호세페의 모습이 사람들의 눈에 띄게 되고 군중들이 그를 습격하여 곤봉으로 때려죽인다. 그리고 헤로니모에게 팔목이 잡혀 있던 페르난도의 누이동생 콘스탄사 또한 호세페로 오해받아 그들에게 맞아 죽는다. 호세페가 페르난도에게 갓난아기 펠리페를 부탁한 직후 그녀도 곤봉으로 맞아 죽는다. 나아가 군중은 또다시 "사생아도 죽여라"라고 외치며 두 명의 갓난아기(펠리페와 후안)를 품고 있던 페르난도에게 달려들었다.

페드릴로는 질린 기색도 없이 오히려 한 아이의 다리를 잡고 페르난도의 품에서 낚아챈 뒤 공중에 빙빙 돌리다가 마침내 교회 기둥 한 귀퉁이에 머리가 산산조각이 나도록 내리쳤다.

그 광경을 보자 주변은 조용해졌고 사람들은 모두 물러났다. 페르난도는 어린 후안이 물컹물컹한 뇌수를 쏟으면서 눈앞에 쓰러져 있는 모습을 보고 말로 표현할 수 없는 고통을 온몸으로 느끼며 하늘을 쳐다보았다.

서사는 다음과 같이 끝을 맺는다.

　돈 페르난도와 (그의 아내) 도나 엘비라는 그 사건 때문에 작은 낯선 아이를 양아들로 받아들였다. 펠리페를 후안과 비교하며 페르난도는 두 아이 모두 자신이 낳은 아이처럼 생각하면서 기쁨에 젖어들 수밖에 없었다.

한순간에 수천 명의 목숨을 앗아간 그 지진에 대해 작품에서 이야기되는 내용은 단지 8행 남짓으로 페르난도의 가족을 찾아온 두 사람이 그들에게서 간접적으로 들은 단편적인 이야기의 콜라주에 지나지 않는다.

첫번째 큰 흔들림이 일어난 직후 사람들은 남자들이 보는 데서 해산하는 여자들이 도시에 넘쳐났다고 이야기했다. 그리고 수도자들이 손에 십자가를 들고 그 사이를 분주히 돌아다니면서 세상의 종말이 왔다고 미친 듯이 외쳐댔다고 말했다. 부왕副王은 자신을 옹위하는 호위병들에게 일러 수도자들에게 교회를 비우도록 명령하자 교회는 이제 칠레에는 부왕이 존재하지 않는다고 대답했다고 한다. 한편, 부왕은 공포의 순간에 약탈 행위가 일어나지 않게 하려고 교수대를 세우게 했다고도 했다. 불길에 휩싸인 집에서 가까스로 빠져나와 목숨을 건진 한 남자가 아무것도 하지 않았는데도 너무 빨리 돌아다닌다는 이유로 집주인에게 붙잡혀 눈 깜짝할 사이에 교수형을 당했다는 이야기 등을 했다.

작품의 주요 서사는 호세페와 헤로니모, 그리고 그들을 도우려 했던 페르난도 가족에게 닥친 비극이다. 그러나 대지진은 그런 비극적인 서사가 일어나는 단순한 배경이 아니다. 「칠레의 지진」은 대지진이라는 '사건'의 폭력 그 자체에 대한 이야기다.

교회에서 일어난 한순간의 사건—곤봉으로 차례차례 맞아 죽임을 당하고 그 장소에서 절명한 세 명의 인간, 교회 기둥에 두개골이 산산조각나서 물컹물컹한 뇌수를 흘리며 나뒹구는 갓난아기—은 순식간에 수천 명의 목숨을 앗아간 지진의 광경, 이 세계를 돌연 지옥으로 만든 '사건' 그대로인 것은 아닐까. '사건'의 폭력이 그 폭력의 무자비함으로 인해 인간들에게 전이된다.

사람들은 이 전대미문의 재앙이 자신들에게 야기된 원인을 호세페와 헤로니모의 행위에서 찾았다. 그들은 신성한 수녀원 정원에서 벌인 그들의 신성모독적인 몸짓이 신의 노여움을 산 것이라고 생각했다. '대지진'이라는 부조리한 '사건', 인간의 힘으로 길들일 수 없는 폭력적인 '사건'은 모독당한 신이 인간들에게 가하는 복수의 서사로 다시 이야기되고, 사람들은 '사건'을 '서사'로 영유함으로써 인간이 영유할 수 없는 '사건'을 영유하고자 한다(앞에서 예로 들었던 한신대지진의 기억을 둘러싼 신문기사 또한 '사건'을 서사화함으로써 인간이 '사건'을 영유하고자 한 것은 아니었을까).

「칠레의 지진」에서 인간에 의한 서사의 영유는 폭력이 되어 생기한다. 마치 인간의 의지로는 저항할 수 없는 '사건'의 폭력, 인간을 영유하는 그 '사건'의 폭력에 대해 인간 스스로 압도적인 폭력을 행사함으로써 '사건'에서 부정된 자신들의 주체성을 회복하려고 하는 것처럼, 그리고 그렇게 함으로써 자신들의 주체성을 부정한 '사건' 자체에 대한 폭력의 기억을 부정한다고도 할 수 있는 것처럼 폭력이 인간에게 들씌워진다. 연인과 페르난도 가족에게 가해진 군중의 폭력에 대지진이라는 폭력적인 '사건' 그 자체의 경험이 폭력적으로 반복된다.

그것은 허구의 서사지만 결코 작가의 문학적 상상력이 만들어낸 단순한 허구가 아님을 우리 자신이 가장 잘 기억하고 있는 것이 아닐까. 호세페와 헤로니모를 습격한 '사건'의 폭력에 대한 서사, 그것은 과연 1647년의 칠레 지진에 대한 서사인가, 아니면 1923년에 있었던 지진*에 대한 서사인가.

서사 텍스트에는 살해당한 자식을 대신하여 호세페의 아들 펠리페를 자신의 아이로 기르게 된 페르난도의 '기쁨'이 이야기되고는 있다. 그러나 서사는 결코 완결되지 않는다. 왜냐하면 거기에서 일어난 '사건'의 무자비한 폭력성은 페르난도의 '기쁨'으로 결코 거두어들일 수 없기 때문이다(무엇보다도 그 '기쁨'이란 매우 역설적이다). 독자는 서사와 함께 자신의 손에 남은 그 폭력의 기억을 받아들이지 않으면 안 된다. 우리는 눈앞에서 호세페와 헤로니모, 갓난아기의 신체에 발생한 압도적인 폭력에 대해 아무것도 할 수 없으며 다만 그들이 맞아 죽는 모습을 무능력하게 지켜보는 목격자가 되는 것을 견뎌낼 수밖에 없다. 도시의 살아남은 사람들이 대지진의 무능력한 목격자가 될 수밖에 없었던 것처럼 말이다.

---

* 문맥상 '간토대지진'을 가리킨다.

우리를 더욱 견딜 수 없게 만드는 것은 호세페와 헤로니모를 때려 죽이고 갓난아기의 두개골을 산산조각낸 바로 그 사람들에게 그들의 행위가 그들의 기억 속에 어떤 흔적도 남기고 있지 않은 것처럼 보인다는 데 있다. 서사는 완료되고 이제 또다시 먼 과거의 '사건'과 다른 서사를 살아가고 있는 듯이. 그러나 페르난도는 다르다. 양자로 삼은 펠리페의 존재는 그에게 어린 자식의 매우 고통스러운 죽음을, 또한 호세페와 헤로니모, 콘스탄세가 당한 학살의 기억, 부조리한 폭력의 기억을 끊임없이 상기하지 않으면 안 되게 만들 것이다. 펠리페라는 존재는 페르난도가 현재형으로 살아가는 '사건'의 폭력에 대한 기억 그 자체인 것이다. 작품은 정신적 외상이 된 그 기억을 떠올리는 것을 역설적이게도 '기쁨'이라 명명하고 있다. 결코 매듭지을 수 없는 어긋남이 독자의 마음에 상처를 남긴다.

'사건'에 위장 플롯을 부여하는 것. 그것은 우리가 그 '사건'을 서사로 완결하여 다른 서사를 살아가기 위해 이루어지는 행위며 '사건'의 폭력을 망각하기 위한 행위다. "조선인이 공격해온다는 유언비어가 퍼졌지만 모두 헛소문이었습니다"라고 간토대지진이 일어나 대나무숲으로 피신했을 때의 기억을 한 일본인 여성이 이야기했을 때 (영화 〈원더풀 라이프〉에서) 그 기억은 이미 서사화된 '사건'의 하나의 삽화에 지나지 않는다. 어쨌든 그 서사는 끝났다. 그리하여 편안한 마음으로 그것을 추억할 수 있다. 페르난도처럼 '사건'을 생생하게 기억하고 현재형으로 살아가고 있는 사람들의 존재, 그들의 기억은 완결된 서사와 함께 과거로 매장되고 우리가 살아가는 지금의 서사에는 어떤 흔적도 남기지 않는다.

결코 매듭지을 수 없는 어긋남, '사건'의 폭력이 남긴 흔적을 상처로서 현재의 이야기에 기록하는 것, 거기에 '사건'의 기억을 나누어 가질 수 있는 가능성이 있다.

단독성·흔적·타자

꽉 비틀어 짠 상태 그대로 굳어버린 걸레. 지진으로 자식을 잃은 여성은 그 걸레를 보면 "자식과 무언가 알 수 없는 끈으로 이어져 있다"는 느낌을 받았다고 말했다. 그녀가 정말 그렇게 말했을지도 모른다. 그러나 그녀가 그렇게 말하는 것과 그 말을 '사건'의 서사를 매듭짓는 말로서 모습을 드러내지 않는 비인칭 화자가 이야기하는 것은 과연 동일한 것일까. 그 말이 기자의 창작이 아니라면 그것은 인터뷰어interviewer인 기자와 그 여성의 대화과정에서 이야기된 것이 틀림없을 터다. '사건'에 대해 말하는 것을 표현하는 말 따위는 존재하지 않는 '사건'에 대해 이야기하는 것. 그녀가 몇 번씩 더듬거리고 말실수하며 다시 고쳐 말하다가 침묵한 끝에 이야기되었을 몇 마디 말들. 말로 이야기된 그 말이 '사건'의 '의미'를 확정하고 있는 것일까. 그러나 그녀가 '사건'을 이야기한다는 그 자체가 또 하나의 '사건'이었던 것은 아닐까. '사건'으로서의 증언을 만들고 있던 것은 대화과정에서 발설된 이러저러한 말의 단편—더듬거림과 말실수, 알아들을 수 없는 중얼거림과 침묵, 그리고 자신도 모르는 사이에 새어나온 한숨과 입김, 방을 채우고 있는 공기의 밀도—그 모든 것이 '사건'의 증언이 아니었을까. 그 신문기사에는 기자의 서명이 없다. 그러나 그녀의 증언이 생기하는 그 현장에는 기자 자신이 개입한 목소리 또한 불가피하게 있었을 것이다. 그녀의 말, 침묵과 한숨을 포함한 그 말은 그 기자를 향해 기자 자신이 개입한 말에 의해 때로는 재촉받고, 때로는 방향을 잃고, 때로는 그 기자의 말에 저항하며 발설된 것이 아니었을까.

하지만 그 증언이 활자화되었을 때 '사건'에 대해 증언한다는 '사건'을 만들고 있던 그들 요소 모두가 사상捨象되어버린다. 의미를 이룰 수 없는 말의 단편은 의미를 이루지 못하기 때문에 어떤 흔적도 남기지 않은 채 말소되어버리고 의미로 환원될 수 있는 말과 물체만 말해지게 된다. 그녀가 겪은 '사건'의 기억을 매개하는 '타자'로서의 기자의 존재가 이야기된 말과 마찬가지로 투명하게 되어 사건의 의미를 직접 매개한다. 그리고 의미로 환원된 사건을 독자는 받아들이게 된다. 마치 말해진 것만이 전부인 양, 그리고 말해진 말이 '사건'을 증언하고 있는 것인 양. 그리하여 말해질 수 있는 말만이 사건의 의미로서 공유되게 된다. 말해지지 않고 말해질 수 없는 '사건'의 존재와 그와 같은 '사건'의 폭력 속에서 현재를 살아가고 있는 사람들의 존재는 부인되고 망각된다. '사건'은 그 폭력의 기억이 바래져 언어화될 수 있고 기억 속에 길들여진 것만 '경험'으로서 공유된다. 그러나 이는 '사건'의 공유인 것일까.

그때 그 장소에서 그 사람을 향해 이야기된다는 것. 그런 범위에서 '사건'의 기억을 말한다는 것, 즉 '사건'에 대해 증언한다는 행위 자체가 단 한 차례의 유일무이한 행위인 것은 아닐까. '사건'의 기억으로서의 증언을 '내'가 받아들인다는 것은 어디까지나 이와 같은 시간적·공간적 단독성, 그리고 '나'라는 인간의 단독성으로 일관되어 있다. '사건'의 기억/증언은 말의 이러저러한 물질성 및 대화자의 존재의 불투명성에 의해 방향성을 잃고 굴절되고 변형되어 손상된다. 그리하여 대화자가 받아들일 수 있는 것은 '사건'의 흔적뿐이다. 단독적인 존재로서 대화자가 받아들인 증언에는 대화자 자신의 서명이 기입되어 있다. 그렇다면 그 증언을 보편적인 이야기로 말하거나 타자가 소유하는 일은 있을 수 없을 것이다. 그것은 대화자 자신이 경험한 유일무비唯一無比의 단독적인 '사건'으로 그 또는 그녀의 말로 이야기되지 않으면 안 될 것이다. 그러나 그렇다고 하더라도 '사건'의 흔적은 반드시 새겨져 있다. 흔적 그 자체가 스스로 '사건'의 기억을 말하는 것과 같은 것으로. "헬 위드 베이브 루스"를 외쳤던 일본 병사의 절규처럼.

'사건'에 대한 기억의 흔적. 우리 곁에 남은 것은 기억의 흔적, '사건'의 흔적뿐이다. '사건'이 그 자체의 기억을 말한 흔적. '사건'의 나누어 갖기를 내건 말하기란 그 흔적으로 하여금 '사건'의 기억을 이 세상으로 다시 한번 소환하는 바로 그와 같은 말하기는 아닐까.

이런 맥락에서 떠오르는 것이 장 주네Jean Genet*가 쓴 『샤틸라에서의 4시간Quatre heures à Chatila』†이다. 레바논 팔레스타인 난민 캠프에서 일어났던 학살 사건의 르포르타주인 그 글은 에크리튀르écriture 그 자

---

* 장 주네(1910~1986)는 실존주의파에 속하는 프랑스의 시인, 소설가, 극작가다. 대표작으로는 시집 『사형을 언도받은 자Le Condamné à mort』(1942), 소설 『도둑일기Journal du voleur』(1949), 희곡 『하녀들Les Bonnes』(1947) 등이 있다.

체가 하나의 '사건'이며 그것을 읽는다는 것이 독자에게 더욱더 '사건'이 될 수밖에 없음을 보여주는 몇 안 되는 글 중 하나다.

학살 사건이 벌어지고 사흘이 지난 뒤 주네는 사건의 현장 샤틸라 난민 캠프 안으로 들어갔다. 그는 여기저기 내팽개쳐진 채 나뒹굴고 있는 참혹하게 죽은 수많은 팔레스타인 난민 시신 더미에서 4시간 동안 방황했다.

자, 그러면 이번에는 한 골목으로 가보자. 50대로 보이는 남자들, 20대의 청년들, 두 명의 아랍 할머니. 사방팔방에서 옷소매를 잡아끄는 통에 나는 어찌할 바를 모르고 있었다. 그리고 마치 방사상放射狀의 회전 반경 안에 수백 명의 사자가 끌어넣어져 있는 나침반 중심에 있는 듯한 기분이었다.

……이 팔레스타인 여성은 중년임을 짐작하게 하듯 머리카락이 회색이었다. 일부러 여기에 버려진 것인지, 아니면 방치된 것인지 알 수 없었지만 여성이 하늘을 향해 고개가 젖혀진 채 쓰러져 있는 곳은 건축용 석재와 벽돌 더미 사이로 비어져나온 심하게 휘어진 철봉대 위였다. 그녀를 위로하는 이는 아무도 없었다. 무엇보다 놀라운 것은 그녀의 손목이 밧줄과 포목으로 이루어진 기묘한 착총縒總*으로 묶여 있어서 마치 십자가에 못박힌 듯이 양팔이 수평으로 되

---

† 『샤틸라에서의 4시간』은 장 주네가 사망하기 4년 전에 쓴 르포르타주 형식의 글이다. 장 주네는 1982년 9월 16일과 17일 사브라와 샤틸라의 팔레스타인 난민 캠프에서 학살이 행해질 때 우연히 베이루트에 머물고 있었는데, 그로 인해 뜻하지 않게 『샤틸라에서의 4시간』을 집필하게 되었다.

* 실을 많이 모아서 엮어 만든 장식품.

어 있었다는 점이다. 검은빛을 띤 부풀어오른 얼굴은 하늘을 쳐다보고 있었고 시커멓게 벌려진 입가에는 파리떼가 달라붙어 있었다. 치아는 새하얗게 보였지만 얼굴은 근육이 전혀 움직이지 않은 채 일그러져 있었는데, 미소를 짓고 있는 듯하기도 하고 끊임없이 소리 없이 욕지거리를 크게 지르고 있는 듯이 보였다. 검은색 울로 만든 스타킹 위로 장밋빛과 회색 꽃무늬로 꾸며진 원피스가 조금 말려 올라간 탓인지, 아니면 원래 짧은 원피스 탓인지는 분간할 수 없었지만 검게 부풀어오른 장딴지 윗부분이 살짝 드러나 있었다. 이 또한 우아한 연보랏빛을 띠고 있어서 연보라색을 띤 뺨과 그것에 가까운 자주색이 이 색조와 어울렸다. 저 빛은 내출혈의 흔적이었을까. 아니면 뜨거운 햇볕 아래서 부패하여 자연스럽게 그와 같은 색으로 변한 것일까.

"총대로 맞아서 죽은 것입니까."

"보세요. 자, 이 사람의 손을 보세요."

나는 알아들을 수 없었다. 양손 손가락이 마치 부채를 편 모양으로 펴져 있었고 열 손가락 모두 분재할 때 사용하는 가위 같은 것으로 잘려 있었다. 애송이처럼 자지러지게 웃으며 기분이 좋아 소리 높여 노래를 부르는 군인의 대열은 찾아낸 가위를 유쾌하고도 즐겁게 사용해 보였을 것이다.

"보세요. 자."

손가락 맨 끝, 손톱 마디가 손톱과 함께 먼지 더미 속에 있었다. 젊은이는 죽은 사람들이 당한 고초를 매우 자연스럽고도 매우 담담하게 일러주었다.

학살이 일어난 현장. 그곳에 남겨진 흔적에서 말할 수 없는 '사건'의 기억을 이 세계에 환기해야 했기 때문에 공들여 선택한 말로 이야기된 '샤브라 샤틸라에서의 4시간.' 주네가 이야기하는 말 하나하나에 주네의 서명이 기입되어 있다. 단독자 주네의 시선을 따라 '사건'의 기억으로서 파악된 몇몇 흔적. 샤브라와 샤틸라 캠프에서 일어난 팔레스타인 사람의 학살이라는 '사건'의 기억을, '사건'의 단독성을 그대로 독자에게 도래하도록 한 것은 바로 이 '서명'이다.

'사건'이 벌어진 저 암흑의 동굴 개구부에 서서 목격자가 되고자 했던 주네. 그러나 여기서 나의 주의를 끈 것은 인용한 문장 중 세 번씩이나 되풀이되는 "보세요"라는 말이었다. '사건'의 흔적에, '사건'이 일어난 저 어둠에 잠긴 동굴에 시선을 응시한 주네를 향해 누군가가 속삭였다. "보세요. 자, 이 사람의 손을 보세요"라고. 그 말이 촉구하고 지시하는 것을 더욱더 세세하게 증언한 주네. 그러나 직시하고자 하는 시선에서 '그것'은 늘 어이없이 패배하게 되고—"나는 알아들을 수 없었다"—의식이 어이없이 패배한 '그것'이 벌어진 곳을 재차 타자의 목소리가 '보세요'라고 지시한다. 증언자라는 주체가 '사건'의 흔적을 그 시선의 중심에 두고 파악했다고 생각하자마자 그 주체성을 좌절하게 하는 타자의 목소리가 개입하는 것이다. 당신은 아무것도 보지 못했어 이쪽을 보라고, '사건'의 흔적은 이쪽, 바로 당신의 망막 한쪽 구석에 있는 거야라고 말하면서—"나는 모든 것을 보았어", "아니, 당신은 아무것도 보지 못했어".

'사건'의 기억과 '사건'의 흔적, 그것은 편재하고 있다. 그러나 '그것'은 항상 사람의 주체적인 의식이 파악하지 못한 어딘가에 자리하고 있다. 증언자인 주네의 배후에서 담담하게 '사건'의 흔적을 지시하는 타자의 목소리. '사건'의 흔적과 증언자를 매개하는 것은 바로 타자의 목소리다. 우리는 타자의 부름에 응답함으로써만 그 흔적을 접할 수밖에 없다. 결코 '사건'의 전능한 서술자가 될 수 없는 증언자. '사건'에 대한 증언자의 그런 무능함, 철저한 수동성, 주네의 르포르타주에 쓰여 있는 것은 '나'에 앞서서 늘 타자의 목소리가 있다는 사실, 바로 이 타자의 목소리야말로 '사건'의 외부에 있는 사람(제3자)을 증언자로 소환하는 것이라는 사실, 그리고 '사건'의 기억을 나누어 갖는다는 행위란 타자가 호소하는 목소리에 그 무능함과 수동성으로 응답하는 사실과 다름없다는 점이다.

증언한다는 것은 무엇을 의미하는가. 순수한 방관자가 되는 것이 아니다. 그것과 함께 살아가는 것이다. 관찰하는 것이 아니라 서로 나누어 갖는 것이다. 역사를 결정하는 저 높은 곳에 서 있는 것이 아니라 역사를 견뎌내고 있는 이 낮은 곳에 몸을 두는 것. 낮게, 그것도 철저히 낮게. 수동성이라는 말이 이미 허튼소리가 아니라 실제 살아가는 행위 자체가 되는 것과 같은 바로 그런 낮은 곳에 몸을 두는 것.

낮게, 어디까지나 낮은 곳. 그곳에 주네가 있다······.

—르네 셰러[*], 『환대의 유토피아』

---

[*]　르네 셰러René Schérer(1922~2023)는 프랑스 철학자로 파리 제8대학 명예교수를 지냈다.

제3장

사건을 살아간다

사건의 귀속

갓산 카나파니가 사망하기 3년 전에 쓴 작품 『하이파에 돌아와서*A'id ila Haifa*』(1969)가 있다(그는 1972년 7월 누군가가 장치한 부비트랩 차량 폭발로 36세에 요절했다). 1948년 이스라엘이 건국되면서 고향 하이파에서 쫓겨나 난민이 된 팔레스타인 지역 출신의 한 부부가 20년 만에 고향을 방문하는 과정을 묘사한 작품이다. 20년 전 혼란한 와중 그들 부부는 태어난 지 얼마 되지 않은 갓난아이를 집에 남겨두고 고국을 떠났다. 그러나 이스라엘 영토가 된 고향의 거리는 국경으로 분단되었고, 그로 인해 그들은 그곳으로 돌아가고 싶어도 돌아갈 수 없었다. 두 번에 걸친 전쟁 때문에 부부가 난민생활을 하고 있던 요르단강 서안이 이스라엘에 새롭게 점령되면서 이제 그곳은 고향과 잇닿아 있는 땅이 되어버린 것이다. 아마도 그들 부부는 조국이 해방되어 자식이 있는 고향으로 돌아갈 날만을 기다리며 20년 내내 기도해왔을 것이다. 그러나 그 꿈은 아이러니하게도 이스라엘의 점령이라는, 해방과는 정반대의 사태에 의해 가능하게 되었던 것이다.

부부는 하이파의 자택을 찾아간다. 자식 쿨둔은 홀로코스트에서 살아남아 이스라엘로 이주해온 폴란드계 유대인 부부가 거두어 도브라는 이름을 가진 유대인으로 자라났다. 이윽고 부부는 집으로 돌아온 자식과 재회한다. 20년 만에 재회한 자식은 이스라엘 병사가 된 모습으로 부부 앞에 나타난다.

내가 현대 아랍문학을 강의하던 어느 대학 수업에서 한 남학생이 이 작품에 대한 보고서를 썼다. 나는 그 보고서를 읽으며 그의 글에 무언가 허를 찔린 듯한 느낌을 받았다. 그는 수년 전 자신이 일본인이 아니라 한국인이라는 사실을 처음 알게 되었고 그뒤부터 역사를 생각할 때마다 어떻게 해야 좋을지 알 수 없었고 혼란에 빠져들 뿐이었다는 것이다……

팔레스타인 소설을 이따금 읽었던 그 학생은 뜻밖에도 거기에서 두 개의 민족으로 분열된 자기 자신을 만나게 되었다. 그에게 팔레스타인 사람의 서사라고 생각되었던 것이 실은 그 자신의 서사였던 것이다. 작품은 팔레스타인 사람의 서사라는 자명성을 갑자기 잃어버렸고 역사는 그에게 분명 어찌할 수 없이 그렇게 존재할 수밖에 없는 듯한 혼란스럽고 불투명한 것이 되었던 것이다. 그리고 바로 지금 여기의 나 자신 또한 쿨둔/도브라가 분열된 나의 모습이라고 말한 그의 진술 탓에 하이파의 집에서 쿨둔/도브를 마주한 팔레스타인 부부처럼 불의에 허를 찔리고 말을 잃게 된 것이다.

쿨둔/도브란 홀로코스트, 팔레스타인, 그리고 이스라엘이라는 현대사의 부조리를 체현하는 존재며 그 자신이 하나의 '사건'과 다름없다. 소설 『하이파에 돌아와서』는 쿨둔/도브라는 역사의 부조리와 대치한 팔레스타인 출신 주인공이 그 사실에 대해 어떻게 반응할 수 있는가를 묻는 작품이다. 그렇다면 나는 뜻밖에 쿨둔/도브로 분열된 그와 직면한 나 자신이 그에 대해 어떻게 반응할 수 있는가를 작품에서 질문받고 있는 셈이다. 쿨둔/도브와 해후한다는 '사건', 그것은 도대체 누구의 '사건'인가. 『하이파에 돌아와서』라는 작품에 대해 말하면서, 그 책에서 묘사하는 것은 인간의 보편적 문제라고 수업에서 말하면서, 그러나 그 문제의 해답을 찾는 일은 팔레스타인 사람의 몫이라고 나 자신은 믿어 의심치 않았던 것은 아닐까. 그러나 진짜 그런 것일까. 그때까지 나 자신은 매우 자신만만하게 이 작품의 무엇을 이해했다고 생각하고 있었던 것일까. 나는 갑자기 알 수 없게 되었다.

일본인이라고 생각했던 자신이 사실은 일본인이 아니었다. 자신이 어떤 사람인지 알 수 없게 될 때 역사histoire가 그에게 갑자기 불투명한 것이 되었듯이, 나 자신이 쿨둔/도브와 대치하는 사람이 되었을 때—바꾸어 말하면 그것은 내가 팔레스타인 부부의 입장, 즉 난민이라는 위치에 처하게 된다는 것이다—서사histoire는 나에게 불투명하고 혼란스러운 것이 되었다. 바꾸어 말하면 역사를 이해한다는 것, 서사를 이해한다는 것—이는 '사건'이 누구에게 귀속되는가를 알고 있다는 것이다—은 자신이 어떤 사람인지를 알고 있는 자, 그것을 의심할 여지가 없을 만큼 자명한 것으로 알고 있는 자, 즉 난민의 위치에 처하지 않은 자의 특권이라는 점이다. 쿨둔/도브라는 '사건'과 대치할 수밖에 없는 '난민'이 되어 서사를 읽는다면 팔레스타인 사람의 사건인 것처럼 '사건'을 자명한 것으로 사람에게 귀속할 수 없다는 사실을 깨닫게 된다. '사건'이 인간에게 귀속되는 것이 아니다. 인간이 '사건'에 귀속되는 것이다. 그리고 그와 같은 삶을 살아가는 사람이 '난민'이라 불리는 자가 아닐까. 쿨둔/도브인 그의 말과 만나는 것, 그로 인해 나는 나 자신이 지금까지 자명한 것으로 향유하고 있었던 저 위치에 내팽개쳐진다. 난민처럼. 그때 서사는 나에게 의미가 희미해져 이해 불가능한 것이 되고 서사는 '사건'이 된다.

난민적 삶의 생성

6년 전쯤의 일이다. '유대인'을 기획 특집 테마로 한 어느 잡지에 라우티 요스코비치Routie Joskowicz 씨와의 인터뷰를 게재한 적 있었다. 5월 치고는 땀이 날 만큼 매우 화창한 어느 날, 나는 인터뷰어 자격으로 라우티 씨 집을 방문했다.

라우티 씨와는 10여 년간 알고 지내왔다. 팔레스타인 관련 집회에서 이따금 만났고 또한 내가 학생이었던 시절 라우티 씨에게 아랍어를 가르쳐주는 대신 그녀는 나에게 프랑스어를 가르쳐주는 교환 수

업을 시도했던 일도 있었다(그런 교환 수업이 늘 그렇듯이 그 시도 또한 몇 번이나 좌절되었지만).

라우티 씨의 저서 『내 안의 '유대인'私のなかの「ユダヤ人」』은 자신이 유대인이라는 사실의 의미를 깊이 탐구한 작품이다. 홀로코스트에서 가까스로 살아남은 유대계 폴란드인이었던 라우티 씨의 부모는 전쟁이 끝난 뒤 신생국 이스라엘로 이주했다. 이스라엘이라는 국가가 탄생한 다음 해 라우티 씨는 그들의 세번째 자식으로 태어났다(이스라엘로 이주한 까닭은 '세번째 자녀의 임신'을 신의 계시라고 생각한 부모가 '세번째 자녀의 탄생'이라는 경사스러운 사건이 이스라엘에 어울린다고 생각했기 때문이라고 말했다).

우리는 역사의 자식으로 태어났다. 만일 히틀러가 없었다면 나는 폴란드인으로 태어났을 것이다. 양친이 사마르칸트에 머물러 있었다면 나는 소련인으로 태어났을 것이고, 만일 세번째 자식이 아니었다면 프랑스인으로 태어났을지도 모를 일이다. 그러나 부모님의 살아온 발자취를 더듬어볼 때 그래도 가장 가능성이 높은 것은 아마도 내가 태어나지 않았을지도 모른다는 사실이다.

—『내 안의 '유대인'』, 66쪽

그뒤 그녀는 양친과 함께 프랑스로 돌아가 열한 살 때 프랑스 국적을 취득했다. 양친에게 시오니스트Zionist*로 교육받은 그녀는 열아홉 살에 이스라엘로 건너가 키부츠에서 생활했지만 얼마 되지 않아 이스라엘 국가 탄생과정에서 잉태된 숨겨진 폭력의 역사—"그것은 나만이 아니라 양친처럼 나치를 경험하고 시오니스트가 된 세대와 이스라엘에서 태어난 젊은 세대 그 누구도 알지 못하는 역사였다"(『내 안의 '유대인'』, 98쪽)—를 알게 되었다. 그리고 키부츠에서 알게 된 일본인 남성과 결혼하여 일본으로 왔고 이후 일본에서 생활했다. 하지만 일본 국적을 취득하기 위해 프랑스 국적을 포기한 뒤에도 귀화 신청이 받아들여지지 않아 한동안 국적이 없는 상태로 지냈다.

내가 프랑스 국적을 포기했을 때 아이들은 학교에서 "어머니는 어느 나라 사람이냐"는 질문을 받고 곤란해했다. "지금은 어느 나라 사람도 아니야"라고 말하면 아이들은 "그런 사람은 없다"라고 놀림을 당하고 울면서 돌아오곤 했다. 그런 일이 있었다고 해서 아이들을 안심시키기 위해 "나는 유대인이야"라며 '인간 복귀'를 도모하고자 하는 따위의 생각은 하지 않았다……

한편에서는 "유대인이라면 이스라엘로 가면 좋지 않을까"라면서 압력을 가하는 세계가 있었다. 이는 단지 반유대주의의 슬로건이 아니다. 그것은 팔레스타인에 유대인 국가를 건설하고자 했던 시오니즘의 표어이기도 했다. 그래서 나는 점차 그렇게 단순히 "나는 유대인입니다"라고 말하는 것을 경계하며 이 사태의 핵심을 하루라도 빨리 음미하지 않으면 안 되겠다고 마음을 다잡았다.

어느새 나는 이스라엘이 점령정책을 지속한다거나 팔레스타인 사

---

*   고대 유대인들의 고국 팔레스타인에 유대 민족국가를 건설하는 것을 이념적 목표로 내건 시오니즘Zionism의 신봉자들을 이르는 말이다.

람들이 거주하는 캠프에 폭탄을 떨어뜨리는 사태에 책임을 느끼지 않을 수 없게 되었다고 말하는 일도 있었다. 물론 내가 유대인이기 때문만은 아니었다. 침묵이 파시즘의 토양을 형성했던 사실을 역사가 증명하고 있다는 것은 누구라도 알 수 있었기 때문이다. 다만 나의 경우 나치에게 당한 박해를 이유로 다른 사람을 박해해도 좋다든지, 아니면 어쩔 수 없는 일이었다고 생각하는 사람들을 보고 "나 자신도 유대인이다"라고 밝힌 뒤 그 박해를 고발하지 않으면 안 된다는 생각이 들게 된 것이다. 그래서 내 마음속에는 "나는 유대인이다"라고 간단하게 말할 수 없는 감정과 말해야만 하는 감정이 서로 교차하고 있었다.

나는 도대체 어떤 사람이란 말인가. 나치의 학살이라는 역사적 경험과 나는 과연 어떤 관계를 맺고 있다고 파악해야 한단 말인가. 이스라엘과 나는 어떤 관계에 있는 것일까. 한 사람의 인간으로, 그리고 한 사람의 여성으로 자립하고자 하는 욕구와 나의 유대 귀속성은 어떤 연관을 맺고 있는 것이란 말인가. 나는 자신의 아이덴티티를 확립하고 싶었다.

—『내 안의 '유대인'』, 22쪽

그날 라우티 씨 집 거실에서 한 인터뷰는 2시간 이상 지속되었다. 그뒤 잡지에 게재된 인터뷰 마지막 부분은 다음과 같다.

—— 이런 질문을 해도 좋을지 모르겠네요. 라우티 씨에게 조국
　　은 어디라고 할 수 있나요.

라우티 글쎄요…… 음…… 폴란드라고 할 수 있지 않나 싶네요.

—— 환영 幻影의 조국이라고 말씀하시는 것이겠군요.

라우티 그래요, 그런 질문을 받은 적은 없었던 것 같아요. 늘 당신은 "어느 나라 사람"이냐는 식으로 질문을 받았죠. 그래서 제 책에 쓴 것처럼 저는 태어나지 않았을 가능성이 훨씬 컸을 테지만요. 바꾸어 말하면 그런 문제가 없었다면 지금쯤 아마 폴란드에서 살아가고 있었을 겁니다.

—— 그렇다면 그곳이 원점인 셈이군요.

라우티 네. 하지만 사실 그곳은 저와 아무런 관계도 없지요. 그래서 나는 환영 이외에 미련이랄까, 그런 것은 없습니다.

—— 폴란드에는 가본 적 있습니까.

라우티 가본 적은 있지만 그곳은 저에게 슬픈 인상밖에 주지 않았습니다.

—— "폴란드 사람들이 모두 친절했다"고요. "하지만 그것은 모든 것이 끝나버린 탓일지도 모른다"고 하는 것은 방금 말씀하신 것과 같은 감정이겠네요.

라우티 맞아요. 그렇다고 할 수 있지요. 알 수 없는 일이지만요. 조금은 더 안정된 삶을 살 수 있었을 텐데 하고 이따금 생각은 하지요. 일본인이나 프랑스인처럼 더 안정되어 있었을 것이라고 말이에요. ……역시 재일 한국인들과 같은 기분은 있다고 생각합니다. 그래서 그들이라면 아마도 저와 통하거나, 아니면 저를 이해해줄 수 있지 않을까 하는 생각이 듭니다만. 그들도 특별히 여기(일본)에서 문제될 게 없다면 안정된 삶을 살아가겠지만 말이지요. 팔레스타인 사람들도 그럴 겁니다. 내가 그리 특별한 사람이라고는 생각하지 않습니다만, 그런 비참한 마음을 들게 한 것은 역사라든지 아니면 시대일 테지요.

6년 만에 지금 우리가 그때 그 장소에서 말한 것을 인용하기 위해 새삼스럽게 워드프로세서로 다시 정리하면서 깨닫게 된 사실이 있다. 구어口語가 격식을 갖춘 딱딱한 일본어로 다시 쓰이고 있다는 것, 그리고 침묵을 나타내는 기호와 쉼표 및 마침표가 있다는 것. 어쩌면 당연한 일일지도 모른다. 그러나 그때 이야기된 말의 모든 것은 반드시 뚜렷하게 분절되어 있지 않다. 그러나 활자로 재현된 말은 마침표와 쉼표로 정확히 분절되고 완결된 문장으로 제시된다. 녹음 테이프의 음성을 문자로 풀어낸 사람의 판단으로, 그리고 화자 자신의 손이 더해짐으로써 말의 의미가 사후적으로 확정되고 분절된다.

하지만 그때 그 장소에서 우리가 말하던 것은 그와 같이 자명한 것이었을까. 물음을 던지고 그 물음에 재촉받아 망설이거나 저항하면서 기억을 말한다는 것, 유한한 언어로. 게다가 그 말은 그녀의 모국어가 아니었다. 모국어와는 분절이 어긋나는 언어로 이야기된 그 말은 바로 그때 그 장소에서 이야기되었다는 '장소'의 기억을 사상捨象한 말로서, 마침표와 쉼표에 의해 새롭게 분절되어 의미가 매개되는 말로서 활자화된다.

말은 절대로 투명하지 않다. 그 불투명함을 상기하는 것이 지금 무엇보다 중요하지 않을까. 투명하게 되어 의미가 확정된 것으로 여겨지는 그 말에 불투명성을 되찾아주는 것이 무엇보다 중요하다. 투명한 말이 실은 우리가 '사건'의 기억을 떠올리는 일을 겹겹이 방해하고 있다는 점을 상기시키는 것이기는 하지만.

나는 "조국은 어디라고 할 수 있나요?"라고 특별한 이유 없이 물었다. 그때 라우티 씨를 엄습한 깊디깊은 침묵, 그리고 그녀의 눈에서 갑자기 순식간에 터져나온 눈물이라는 '사건'의 기억은 활자로 된 말속에서는 그 흔적조차 발견할 수 없다. "……폴란드라고 할 수 있지 않나 싶네요"라는 말이 그녀의 입에서 간신히 나오기까지 작은 거실을 가득 채우고 있던 묘한 긴장감 속에서의 침묵, 그리고 라우티 씨의 갑작스러운 눈물을 접한 나의 당혹스러움과 동요를 지금 새삼스럽게 떠올린다. 그런 생각을 떠올리는 내가 괴로운 생각과 함께 이해하게 된 것은 당시 침묵이라는 '사건'을 공유하면서도 그때 그녀가 그 마음과 신체로 경험했을 '사건', 즉 기억이 의도하지 않게 도래한다는 '사건'을 당시 내가 결코 함께 나누어 갖지 않았다는 사실이다. 그리고 그녀가 가까스로 마지막에 가는 목소리로 던진 "폴란드"라는 말.

그 말은 나에게 뜻밖의 답변이었다. 폴란드는 분명 그녀의 부모님 조국이다. 하지만 그녀는 그곳에서 태어나지도, 생활하지도 않았다. 몇 년 전 단 한 번 여행했을 뿐이다. 나의 물음에 그다지 깊은 의미가 있었던 것은 아니었다. 프랑스인이자 유대인이기도 한 라우티 씨가 생각하는 조국은 어디인가라는 물음은 그녀가 자신을 프랑스 사람으로 생각하는지, 아니면 이스라엘 사람으로 생각하는지 알고 싶은 실로 단순한 의문에서 던진 말이었다. 만에 하나 일본이라는 대답이 그녀의 입에서 나오는 일이 있다 하더라도(일본은 라우티 씨의 일본 사람인 두 아이가 태어나 자란 나라다), 설마 태어나지도 않았을뿐더러 살지도 않은 땅의 이름을 조국으로 말할 가능성을 전혀 상상하고 있지 않은 나 자신을 그때 발견했다. 물론 팔레스타인 사람은 그렇다. 팔레스타인 난민 2세, 3세는 찾을 수도 없는 팔레스타인을 언젠가 반드시 돌아가야 할 조국이라고 생각하고 있다. 팔레스타인 사람이 팔레스타인을 조국이라 생각하는 것처럼 프랑스인이자 유대인인 라우티 씨도 프랑스 아니면 이스라엘 중 어느 한쪽을 조국으로 생각하고 있는 것은 아닐까 하고 나는 단순하게 생각했던 것이다.

그런데 전혀 예기치 못했던 라우티 씨의 답변이 나에게 가르쳐준 것은 조국이란 무엇인가라는 물음이었으며, 또한 조국이란 것을 자명한 사실로 받아들일 수 있는 자는 어떤 사람인가라는 물음이었다. 나는 어떤 사람인가라는 물음이 필연적으로 그 사람의 조국을 확정하는 것이라고 생각하고 있지는 않았을까. 그것은 내가 나는 어떤 사람인가라는 물음이 자신이 어디에 귀속되어 있는가를 자명하게 결정하는 인간이었기 때문은 아니었을까. 조국이라는 것이 마치 사람의 속성 중 하나인 것처럼 그 사람에게 귀속되는 그런 것으로 생각하고 있지는 않았을까. 이 나라의 내셔널한 경험에 규정되어 인간과 조국 그 밖의 관계의 존재방식을 상상하지 않기 때문은 아닐까. 그러나 이런 문제 전부를 당시 내가 충분하게 이해하고 있었던 것은 아니다.

조국 폴란드. 그러나 그녀는 폴란드 사람이 아니다. 그러나 이 모든 '사건'이 일어나지 않았다면 그녀는 분명 폴란드 사람으로서 폴란드를 조국으로 여기며 살아가고 있었을 것이다.

카나파니가 한 다음과 같은 말이 떠오른다. "조국이란 이와 같은 모든 일이 일어나서는 안 되는 곳이지." 소설 『하이파에 돌아와서』에서 쿨둔/도브를 남겨두고 하이파를 떠났던 팔레스타인 난민 주인공이 아내에게 한 말이다. 라우티 씨의 말은 카나파니가 한 이 말을 이면에서 드러낸 것이 아닐까. 이런 '사건' 모두가 결코 일어나서는 안 되는 곳, 그와 같은 장소로서의 조국과 이런 '사건' 전체가 일어나지 않았다면 조국이었을지도 모를 나라. 이 나라, 이 사회에서도 역사의 부조리로 인해 분열된 쿨둔/도브가 '사건'이 가하는 폭력 속에서 현재형으로 살아가고 있다. 조국이란 이 모든 '사건'이 결코 일어나서는 안 되는 곳이라고 한다면 이 나라는 과연 나에게 조국일 수 있을까. 수업시간에 재일 한국인 쿨둔/도브가 "나는 역사라는 것을 이해할 수 없다"라고 한 말을 응답해야 할 물음으로 뜻하지 않게 받아들인 나에게 이 나라는 이미 조국일 수 없을 듯싶다. 마치 그에게 이 나라가 조국이 될 수 없었던 것처럼.

그녀는 어느 나라 사람이냐고 질문을 받은 적은 있어도 조국이어디냐고 질문을 받은 적은 없었다고 했다. 그녀는 그때까지 조국에 대해 생각하거나 폴란드가 자신의 조국일 수도 있다고 생각하고 있었던 것은 아니었다. 타자에게서 뜻하지 않게 받은 물음으로 인해 조국이라는 의미, 그리고 자신에게서 조국을 빼앗은 이 모든 '사건'의 의미가 그때 거실을 가득 채운 농밀한 침묵의 순간에 그녀 안에서 일어나고 있었던 것이 아닐까. 홀로코스트라는 '사건'의 기억 속에서 살아왔지만 그것이 어떤 것인가에 대해서는 그녀 자신도 잘 모르고 있었을 것이다. 그러나 그때 그녀가 생각해보지도 않았던 뜻밖의 질문을 받음으로써 그 '사건'이 그녀에게서 무엇을 빼앗았는가가 갑자기 이해되고 또한 그와 같은 것으로서 '사건'이 그녀 안에서 형태를 이루게 되었던 것은 아닐까. 폴란드라는 대답은 나만이 아니라 그렇게 대답한 그녀 자신도 놀라게 한 것은 아닐까. 그때 그녀의 눈물은 자신이 경험한 '사건'이 사실은 무엇이었는가를 사후적으로 알게 되었음을 나타내주는 새로운 '사건'의 징후였다고 할 수 있을 것이다.

라우티 씨가 흘린 눈물의 의미에 대해 나는 그때 그녀에게 물어보아야 했을지도 모른다. 그러나 나는 그렇게 하지 못했다. 나는 그녀가 뜻하지 않게 흘린 눈물과 '폴란드'라는 대답에 불의의 기습을 당해 동요했고 나 자신의 동요를 감추기라도 하듯 허둥지둥 질문을 되풀이하여 던졌다. 내셔널한 경험에 의해 규정된 나의 주관이 거기에서 '사건'이 생기하고 있는 것을 파악하지 못하게 한 것인가. 아니 그렇지는 않을 것이다. 나는 '사건'이 눈앞에서 생생하게 일어나는 것을 목격하고 그만 낭패감에 빠졌을 뿐이다. 나는 거기에 떡 하고 입을 벌린 '사건'의 어둠, 바로 그 깊이를 엿보고 만 듯한 느낌이 들어 엉겁결에 뒷걸음질한 것은 아니었을까. 내가 그녀에게 눈물의 의미를 묻지 않은 것, 그리고 폴란드가 조국이라는 의미를 묻지 않은 것은 '사건'의 폭력이 지닌 측정할 수 없는 어둠의 깊이와 직면하는 것을 본능적으로 회피했기 때문은 아니었을까. 그러나 바로 거기에 '사건'에 대한 기억의 증언이 있었던 것은 아닐까. 그녀의 침묵, 눈물, '폴란드'라는 대답, 그것 전부가 '사건'에 대한 기억을 나에게 지시하고 있었던 것은 아닐까. '사건'이라는 것이 어떤 것이었는지를 증언하는 '자체'가 "자, 보세요, 여기에 있어요"라고 말하며. 그러나 '사건'의 기억을 나누어 가져야만 하는 그녀의 이야기를 듣고 행했을 것이 분명한 나는 그 목소리를 들으며 손가락이 지시하는 것을 보려고 하지 않았던 것일까. 나는 '사건'의 귀중한 목격자가 되면서 그 증인이 되는 것을 거부한 것은 아니었을까.

그러나 '사건'과 대치하는 것을 피하려고 의미 없는 말을 되풀이했던 것은 사실 내가 '사건' 자체에 의심할 여지도 없이 휩쓸려 들어갔기 때문이라고 할 수 있지 않을까. 그렇다면 나 또한 '사건'을 경험하고 있었던 것이 된다. 나 자신조차 그 까닭도 모른 채. 우리는 서로 허둥대면서 사실 제각각 탈구脫句된 대화를 하고 있었던 셈이다.

"아…… 네…… 폴란드지요"—침묵을 나타내는 여섯 개의 검은 점의 연결. 나는 두 번이나 반복된 그 점의 연결을 보고 간신히 그날의 '사건'에 대한 기억이 희미한 흔적을 남기고 있는 것을 볼 수 있었다. '사건'의 기억 속에서 두 사람이 각각 '사건'에 휘말려 들어가 갈팡질팡하고 낭패를 보고, 그 낭패감 때문에 당시에는 그 사건에 대해 말하는 것 따위는 가능하지 않았다. 활자로 재현된 말, 얼핏 보면 부드러운 그 말을 주고받는 것은 사실 실제 지금 일어나고 있는 '사건'의 경험 자체의 번역 불가능성, 그 어찌할 수 없는 이야기 불가능성 때문에 그런 것은 전혀 존재하지 않는 듯한 정합성을 띨 수밖에 없는 것이다.

'난민'이 조국을 상실한 자라는 뜻이라면 라우티 씨는 틀림없이 난민이다. 내가 그때 알 수 없었던 것은 바로 그 점이다. 설령 프랑스어를 모국어로 하고 프랑스 국적을 갖고자 하거나 유대인인 그녀를 늘 국민으로 맞아줄 준비가 된 나라가 있더라도 그녀는 난민인 것이다. 이스라엘 내셔널리즘의 공범자가 되기를 거부하고 팔레스타인 사람과 함께 '팔레스타인'이라는 '사건'의 기억을 나누어 갖고자 할 때까지는.

'난민'―'사건'을 내셔널한 역사/서사로 결코 나누어 가질 수 없는 사람들. 인간이 '사건'을 영유하는 것이 아니라 '사건'이 인간을 영유하는 그런 '사건'에서 살아가는 사람들. '사건'의 기억을 '서사'로 영유하는 것이 아니라 '사건'으로 영유하는 것은 바로 이 난민적 삶을 사는 사람들뿐이다. '사건'의 기억을 나누어 가질 수 있는 가능성은 우리가 '난민'에게 생성하는 것, 즉 난민적 삶을 살아가는 것 속에 있다.

무엇보다 '난민'이 되는 것, 이와 같은 모든 사건이 일어나서는 안 되는 장소로서의 조국, 아직 실현되지 않은 조국을 향해 그곳으로의 귀환을 타자와 함께 꿈꾸는 난민이 되는 것이다.

기본 문헌 안내

'기억'과 '서사'에 대해 논의한 책은 많다. 그것을 체계적으로 총망라하여 소개하는 것은 나의 능력의 범위를 벗어나는 일이므로 여기서는 이 책에서 다루었던 작품과 그것과 관계된 내용에 한하여 언급하고자 한다.

제1부에 소개된 발자크의 단편소설 「아듀」(Honore de Balzac, 大矢 タカヤス 譯, 『シャベール大佐』, 河出文庫, 1995에 수록)에 대한 펠먼의 논의는 쇼샤나 펠먼의 『여성이 읽을 때, 여성이 쓸 때, 자전적 신 페미니즘 비평*What Does a Woman Want?: Reading and Sexual Difference*』(河辺美知子 譯, 勁草書房, 1998)의 특히 제1장 '여성은 무엇을 원하는가? 자전이라는 문제와 읽기의 굴레*The Question of Autobiography and the Bond of Reading*'

및 제2장 '여성과 광기, 비평적/치명적 오진 *Women and Madness: The Critical Phallacy*'에서 이루어지고 있다.

「아듀」에 대해 남성 비평가들이 행한 종래의 비평에서 스테파니라는 젠더화된 주체의 경험 문제가 간과되어 있다는 펠먼의 지적은 가야트리 차크라보르티 스피박 ~~Gayatri Chakravorty Spivak~~ 이 『서벌턴은 말할수 있는가 *Can the Subaltern Speak?*』(上村忠男 譯, みすず書房, 1998)와 「서벌턴 연구 ― 역사 서술을 탈구축한다 *Subaltern Studies:Deconstructing Historiography*」 (竹中千春 譯, 岩波書店, 1998 수록)에서 논의한 젠더화된 서벌턴적 주체의 경험 문제와 서로 맞물려 있다. '타자'로서 표상의 울타리 밖에 방치되어 자신의 경험을 표상하고자 해도 타자로 잘못 표상될 수밖에 없는 까닭에 자신을 표상할 수 없는 서벌턴 여성들의 경험이라는 문제를 제기한 사람이 바로 스피박이다. 이 책에서 전개된 표상 불가능성을, 그 핵심에 내포하고 있는 '사건'을 표상하려 할 때 그 어긋남과 정합성의 결여를 통해서만 표상할 수밖에 없다는 논의는 스피박의 논의를 전제한 것이다.

젠더화된 서벌턴 주체의 경험을 표상하는 문제와 관련하여 유감스럽게도 이 책에서는 다룰 수 없었지만 나왈 사아다위 ~~Nawal El Saadawi~~ 의 소설 『영도의 여자 *Emra'a enda noktat el sifr*』(1973, 영역은 *Woman at Point Zero*, Sherif Hetat trans., Zwd Press, 1983 ; 일본어 번역은 영역의 중역으로 鳥居千代香 譯, 『0도의 여자 사형수 빌더스 *0度の女―死刑囚フィルダス*』, 三一書房, 1987)를 소개하고 싶다. 일본어 번역의 어려움도 있어 이 책은 일반적으로 아랍 여성이 아랍 이슬람사회의 가부장주의를 고발한 작품으로 읽히고 있다. 하지만 살인범으로 처형된 한 매춘부라는 다층적

으로 서벌턴화된 여성이 경험한 삶의 표상 및 그 기억의 분유는 어떻게 하면 가능한가라는 문제를 탐구한 아랍어 원작은 이 책에서 지적한 어긋남과 화자의 확정 불가능성 등 다양한 전략이 실천된 홍미진진한 텍스트다.

홀로코스트라는 전대미문의 폭력, 그 표상 불가능한 '사건'에 대한 다양한 증언을 바탕으로 구성된 클로드 란즈만Claude Lanzmann 감독의 〈쇼아〉(1985)는 '사건'의 기억을 나누어 갖는 일 자체가 고통에 찬 행위임을 실감나게 그린 영화다. 영화 〈쇼아〉를 분석한 펠먼의 『목소리의 회귀 영화 〈쇼아〉와 '증언'의 시대The Return of the Voice:Claude Lanzmann' Shoah』(上野成利·崎山政毅·細見和之 譯, 太田出版, 1995)는 '사건'의 내부와 외부를 왕래하는 길은 어떻게 뚫고 나갈 수 있는가라는 문제에 대해 '증언'이라는 행위를 통해 논하고 있다. 우카이 사토시鵜飼哲가 쓴 이 책의 '해설'은 홀로코스트의 기억을 둘러싸고 유럽에서 전개되어 온 논의의 역사를 근거로 증언이라는 행위를 철학적으로 고찰한 논고다. 홀로코스트라는 '사건'을 부정하는 역사수정주의를 비판한 책으로 이 책에서도 언급된 피에르 비달나케의 『기억의 암살자들Les assassins de la mémoire』(石田靖夫 譯, 人文書院, 1995)이 있다.

나치의 강제수용소에서 살아남은 저자가 남긴 '사건'의 증언으로 프리모 레비의 『아우슈비츠는 끝나지 않았다—어느 이탈리아인 생존자의 고찰Survival In Auschwitz』(朝日選書, 1985) 및 브루노 베텔하임의 에세이 『살아남는다는 것Surviving and Other Essays』(Vintage Books, 1980) 등을 들 수 있다.

레비에 대해 논의한 글로는 서경식의 『프리모 레비를 향한 여행ア

リーモ・レーヴィへの旅』(朝日新聞社, 1999), 『단절의 세기-쇼아(유대인 대학살)와 재일 조선인斷絶の世紀—ショアー(ユダヤ人大虐殺)と朝鮮人』(『분단을 살아가는 '재일'을 넘어서分斷をきる'在日'を超えて』, 影書房, 1997 수록)이 있다. 『분단을 살아가는 '재일'을 넘어서』를 비롯하여 저자가 발표한 일련의 저작을 일관하는 것은 기억의 분유라는 사상적 물음이라고 나는 받아들이고 있다. 레비에 관한 논고로는 다른 책 시리즈의 호소미 가즈유키細見和之의 『아이덴티티/타자성アイデンティティ/他者性』(岩波書店, 1999)이 파울 첼란, 김시종의 기억과 함께 레비에 대해 고찰하고 있다.

이 책에서도 논한 라우티 요스코비치의 『내 안의 '유대인'』(三一書房, 1989)은 유대인으로서 이스라엘이라는 국가의 범죄성에 가담하는 것을 거부하는 저자가 자신의 유대인 성에 대해 역사적·사상적으로 탐구한 노작이다. 저자에 대한 인터뷰「'내 안의 유대인'에 구애받다」는 〈겐다이시소現代思想〉(1994 vol. 22-8, 1994)에 수록되어 있다. 또한 같은 호에 스필버그의 영화 〈쉰들러 리스트〉를 비판한 이와사키 미노루의 논고 「방위기제로서의 서사 〈쉰들러 리스트〉와 기억의 정치학防衛機制としての 物語〈シンドラーのリスト〉と記憶のポリティクス」도 실려 있다.

홀로코스트의 결과 팔레스타인에 유대인 국가 이스라엘이 건국됨으로써 팔레스타인 사람이 경험하게 된 고난의 '사건'에 대한 기억에 대해서는 난민들의 기억을 단편소설로 결정화한 갓산 카나파니의 『태양의 남자들/하이파에 돌아와서Men in the sun/Returning to Haif』(黑田壽郎·奴田原睦明 譯, 河出書房新社, 1978)에 수록되어 있는 여러 작품을

우선 들고 싶다. 서경식 「흙의 기억 카나파니 『태양의 남자들/하이파에 돌아와서』를 읽는다土の記憶 カナファーニー『太陽の男たち/ハイファに戻って』を読む」(『'민족'을 읽는다─20세기의 아포리아民族を読む─20世紀のアポリア』日本エディタースクール」, 1994 수록)는 카나파니가 떠올린 팔레스타인의 기억을 레비가 떠올린 홀로코스트의 기억, 재일의 기억과 중첩하여 논했고 '사건'의 기억에 대한 나누어 갖기를 사상적·문학적으로 추구한 논고다.

팔레스타인 시인 마무드 다르위시Mahmoud Darwish의 산문시 「50인을 살해한 자는 1길로슈를 지불한다man yaqtulu khamsina 'arabiyan yakhsaru qirshan」(시집 『늘 슬픈 일기mahmoud darwish, yaumiyat al-huzn al-'adi, dar al-auda, 1973 수록)는 크파르 카셈 마을의 학살이라는 '사건'의 기억을 투철한 언어로 말하고 있다.

탈 자아타르 난민 캠프 포위와 학살의 기억을 그린 글로 이 책에서 논의한 팔레스타인 여성 작가 리아나 바드르가 쓴 장편소설 『거울의 눈'ain al-mir'a』(1991, 영역은 The Eye of the Mirror, Samira Kawwar trans., Garnet, 1994)이 있다. 사브라와 샤틸라 캠프의 학살에 대해서도 저자는 연작 단편집 『파키하니광장을 굽어보는 발코니shurfa 'ala al-fakihani』(1983, 영역은 Balcony over the Fakihani, Peter Clark, Christopher Tingley trans., Interlink Books, 1983)에서 묘사하고 있다.

유감스럽게도 이 책에서 충분히 논의할 수는 없었지만 장 주네가 쓴 샤틸라 캠프의 학살 르포르타주 「샤틸라에서의 4시간」(《インパクション》 51號, 1988 수록)은 '사건'의 기억을 나누어 갖는 것에 대해 우리가 생각할 때 반드시 되돌아가지 않으면 안 될 풍요로운 텍스트라는 사실에 대해서는 의심할 여지가 없다. 같은 저자의『사랑의 포로 Un captif amoureux』(일역은 恋する虜 パレスチナへの旅, 鵜飼哲·海老坂武 譯, 人文書院, 1994)는 팔레스타인 전사들과 주네의 해후라는 '사건'의 회상을 통해 '팔레스타인'이라는 '사건'의 기억이 주옥같은 문장으로 쓰여 있다. 주네와 팔레스타인에 대해서는 우카이 사토시『저항으로의 초대抵抗への招待』(みすず書房, 1997)에「'유토피아'로서의 팔레스타인-장 주네와 아랍세계의 혁명ユートピアとしてのパレスチナ―ジャン·ジュネとアラブ世界の革命」을 비롯하여 몇몇 논고가 수록되어 있으며 주네 연구자인 저자는 그의 에크리튀르의 성격을 더듬는 듯한 미세한 시선을 통해 주네의 문학세계를 고찰하고 있다. 또한 르네 셰러의『환대의 유토피아 환대신(제우스) 예찬Zeus hospitalier : éloge de l'hospitalité : essai philosophique』(安川慶治 譯, 現代企劃室, 1996) 제8장 '두 사람의 수호성인'은 자기 안에 타자를 수육受肉한 자로서 증언하는 자, 즉 타자의 삶을 나누어 가진 자인 주네를 논하고 있다.

팔레스타인 역사에 대해 쓴 책은 많지만 여기서는 특히『오리엔탈리즘Orientalism』(今澤紀子 譯, 平凡社ライブラリー, 1993)의 저자 에드워드 사이드의 팔레스타인론『팔레스타인이란 무엇인가』(島弘之 譯, 岩波書店, 1995)를 들 수 있다. 에크리튀르와 사진이라는 두 개의 '언어'를 교착시키면서 '팔레스타인'이라는 '사건'의 기억을 논한 작품이다.

'팔레스타인'의 기억을 묘사한 영상으로는 팔레스타인 출신의 감독 미셸 클레이피Michel Khleifi의 다큐멘터리 영화〈풍성한 기억Fertile Memory〉(1980)을 들 수 있다. 팔레스타인 사람의 기억에 새겨진 팔레스타인의 자연 및 생활 풍경을 콜라주하면서 작품은 피점령지에서 살아가는 여성 작가와 이스라엘에서 살아가는 공장 노동자 팔레스타인 여성의 모습을 교대로 묘사하고 있다. 여기서도 스스로는 '사건'을 언어화, 분절화할 수 없는 서벌턴 여성의 기억의 표상이라는 문제를 다루고 있음을 알 수 있다.

제1부에서 소설의 언어와 식민주의의 관계에 대해 논할 때 언급한 질 들뢰즈, 펠릭스 가타리의 '소수적인 문학'론은 『카프카, 소수적인 문학을 위하여*Kafka, pour une litterature mineure*』(les editions de minuit, 1975)의 특히 제3장 '소수적인 문학이란 무엇인가? 언어-정치-집합적인 것*Qu'est-ce qu'une litterature mineure? Le langage, le politique, le collectif*'을 참조하기 바란다. 들뢰즈와 가타리가 "다수의$_{major}$ 언어로 쓰인 소수자$_{minolity}$의 문학"이라 정의한 '소수적인 문학'으로 다양한 작품이 떠오르지만 여기서는 그 예로 이양지의 소설 「유희」(『由熙, ナビ・タリョン』 講談社學藝文庫, 1997 수록)를 들고 있다. 모어와 모국어 사이에서 분열된 유희. 나중에는 두꺼운 일기만 남는다. 그러나 서사에서 그녀가 무엇에 얼마나 괴로워하고 있었는가가 극명하게 기록되어 있었을 그 일기는 누구에게도 읽힐 수 없는 것으로 제시된다. 텍스트에 뚫린 텍스트의 구멍······.

제2부에서 접했던 죽은 자의 목소리의 회귀와 관련된 글의 예로는 김성례의 논문 「한국 근대에 대한 상장$_{喪章}$—폭력과 제주항쟁의 기억*韓国 近代への喪章:暴力と済州抗争の記憶*」(伊地知紀子 譯, 〈現代思想〉, 1987 vol. 26-7 수록)을 들고 싶다. 8만 명이 넘는 사망자를 낸 한국의 제주도에서 일어났던 정치항쟁 4·3사건의 기억에 대해 특히 '사건'의 기억을 영유하고자 하는 국가와 그에 저항하는 대항적 기억의 가능성

에 대해 논한 것이다.

일본군 '위안부'가 된 여성들이 당할 수밖에 없었던 폭력에 대해 증언한 이야기는 필리핀의 마리아 로사 L. 벤슨의 회상록『어느 일본군 '위안부'의 회상―필리핀의 현대사를 살면서』(藤目ゆき 譯, 岩波書店, 1995)를 비롯하여 이미 매우 많이 출판되어 있다. 그중 특히 내가 이름을 들어 소개하고 싶은 책은 니시노 루미코西野瑠美子의『종군 위안부 이야기―10대의 당신을 향해 던진 메시지従軍慰安婦のはなし―十代のあなたへのメッセージ』(伊勢英子 繪, 明石書店, 1993)다. 부제가 말해주듯이 이 '사건'의 기억을 10대의 젊은이들과 나누어 갖기 위해 쓰인 이 책에는 본래 '위안부' 여성들의 말과 10대 독자를 매개하는 증언자인 저자의 존재가 쓰여 있다. 증언이라는 '사건'의 단독적 성격을 환기함과 동시에 10대의 젊은이들이라는 '타자'에게 통할 수 있는 말로 써야 한다는 요청으로 일관되게 쓰인 말은 자연히 증언을 매개하는 말이 결코 투명한 것이 아니라는 사실, 즉 말의 물질성을 상기하게 한다.

마찬가지로 한국의 여성 감독 변영주가 만든 영화 〈나눔의 집―중얼거림〉(1995) 및 〈나눔의 집2―여전히 지속되는 슬픔〉(1997)도 '위안부' 여성들이 겪은 '사건'의 기억을 증언하는 말―침묵, 중얼거림, 숨결까지도 포함한 그들의 말―을 공들여 건져내고자 하는 감독과 그녀들의 대화적 관계를 영상으로 아로새겨 '사건'의 기억을 나누어 갖는 것을 감독 스스로 실천한 작품이다. '위안부' 문제와 연관된 것으로는 그 밖에 가와모토 다카시川本隆史의「자유주의자의 시금석, 다시―쓰루미 슌스케와 '아시아 여성 기금'을 둘러싸고自由主義者の試金

石一鶴見俊輔と'アジア女性基金'をめぐって」(〈みすず〉 438號, 1997 수록)도 참조할 것을 권하고 싶다.

　제1부에서 논의한 플래시백과 같은 정신적 외상 경험에 대해서는 주디스 L. 허먼Judith L. Herman의 『심적 외상과 회복Trauma and recovery』(中井久夫 譯, みすず書房, 增補版 1999)이 있다.

　제2부에서 소개한 하인리히 폰 클라이스트의 「칠레의 지진」은 『칠레의 지진-클라이스트 단편집Das Erdbeben in Chili』(種村季弘 譯, 河出文庫, 1996)에 수록되어 있다. 같은 단편집에 실린 「성聖도밍고 섬의 약혼Die Verlobung in St. Domingo」은 식민지에서 일어난 흑인 폭동의 증오와 폭력을 통해 식민지화 과정에서 빚어진 폭력의 기억이 폭력적으로 회귀하는 모습을 그리고 있다. 예컨대 인종 간의 화해 위에서 신생 국가 건설을 지향하는 포스트아파르트헤이트의 남아프리카공화국 사회에서 과거 이 사회를 지배한 무시무시한 폭력의 기억이 인종 간에 증오가 되어 억누를 수 없이 분출하는 오늘날의 현실을 예견하듯 묘사한 작품이다.

지은이의 말

『클라이스트 단편집』에는 「로카르노의 여자 걸인 *Der Bettelweib von Locarno*」
이라는 작품이 실려 있다. 어느 귀족의 저택에 자리를 얻은 여자 걸
인이 주인에게 무자비한 취급을 받아 갑자기 절명하는데, 그녀의 유
령이 그녀가 죽은 거실에서 그 죽음을 매일 밤 재현한다는 서사다.

'사건'이란 이 세계의 시공간에 새겨넣어진 상처일지도 모른다. 레
코드에 난 흠이 똑같은 음을 계속 되풀이하도록 만들 듯이 그것은
자신의 기억을 반복하게 한다. 마치 유령처럼.

상처, 유령, 서사의 벽, 서사에 떡 벌어진 개구부, 불투명한 말 또
는 말의 물질성에 걸려 넘어지는 것⋯⋯. 서사라는 것이 비유로 가득
차 있듯이 『기억·서사』를 둘러싼 나의 이 보잘것없는 이야기에도 많

은 비유가 아로새겨져 있다. 그러나 서사에 벽이 있는 것일까. 벽이 있다면 그것은 기와로 이루어져 있는 것인가, 아니면 회반죽으로 이루어져 있는 것인가. 아니면 말의 물질성에 걸려 넘어진다는 것은 어떤 것인가. 책상에 흩어진 책에 발이 묶인 적은 있어도 말이 지면 위를 구르고 있는 일은 없다. 사람은 말에 걸려 넘어지지는 않는다. 음성으로 발설된 말이 투명하든지, 투명하지 않든지 간에 시각적 이미지로 말해지는 것도 기묘한 서사다.

이것들은 모두 남유藍喻—카타르시스—다. 그것을 표현하는 말이 존재하지 않는다면 부랴부랴 그와 같이 부를 수밖에 없었던 말이다. 그 말들은 결코 그 이름으로 명명된 것을 과부족 없이 드러내지 않는다. 그것은 때로는 과잉되거나 결여되거나 아니면 동시에 양 측면을 모두 띠고 있다. 서사와 말에 벽이나 불투명이라는 물질성을 강제로 할당하고 음성이 시각적 이미지로 억지로 이야기된다. 억지, 바로 억지인 것이다. 그것은 폭력이다. 부랴부랴 억지로 명명된 이름과 그 이름이 가리키고자 하는 '물체'는 결코 일치하지 않는다. 거기에는 반드시 어긋남—이것 또한 비유다—이 있다. 그리고 그 '물체'란 이런 폭력과 어긋남을 통해서만 표상될 수밖에 없는 것은 아닐까. 말로는 표상할 수 없는 '사건'을 표상할 수 있는 그 가능성은 바로 이 폭력성과 어긋남 속에 있을 수밖에 없는 것은 아닐까.

지금 이 이야기를 마치기에 이르러 '말'과 폭력적으로 명명된 '물체'가 행복한 일치를 남유로 연주할 수밖에 없는 것은 아닐까라는 생각이 마음에 걸린다. 텍스트는 속삭이고 있는 것일까.

타자가 경험한 '사건'의 기억을 나누어 갖는다는 것은 어떤 것인

가. 어떻게 하면 그것이 가능한가—이 책의 주제는 이 두 가지 물음으로 집약된다. 이 책은 '사건'에 대한 기억을 나누어 갖는 것이라는 물음을 일관되게 이 사회와 그곳에서 살아가는 자들을 향해 던진 그/그녀에 대해 나 나름대로 응답하려는 실천으로 의도되었다. 그러나 이 책을 황급히 마무리하려고 하는 지금 그 또는 그녀의 말이 자아내는 기억의 지평의 깊이만을 절감하며 암연暗然해진다. 나는 단지 그 표면만을 어루만진 것은 아닐까. 나의 그런 한계를 독자가 텍스트 속에서 읽고 꾸짖어준다면 행복할 것이다.

이 책이 안고 있는 한계와 수많은 결점에도 불구하고 이 책을 저술하는 과정에서 많은 것을 배울 수 있었다. 이 책을 집필하는 일은 나에게 하나의 '사건'이었다. 여기서 그 일단을 보면서 나 자신의 역량과 공부가 부족하여 충분히 논의를 전개하지 못한 여러 주제에 대해서는 이후 다른 기회에 논하기 위해 공부하려고 한다. 이 귀중한 기회를 준 여러 편집 협력자 여러분, 특히 다카하시 데쓰야高橋哲哉 씨에게 감사의 말을 전하고 싶다. 그리고 나의 생래적인 태만함 때문에 이와나미쇼텐岩波書店 편집부의 사카모토 마사노리坂本政謙 씨에게는 처음부터 끝까지 심려를 끼쳤다. 사카모토 마사노리 씨가 끈기 있게 함께해주었던 일, 그리고 나의 생각을 깊게 분유해주었던 일이 커다란 격려와 즐거움이 되었다. 더욱이 정신적·물질적 도움을 아낌없이 준 다자키 히데아키田崎英明에게 고마움을 전한다. 그가 밤낮으로 제공해준 커피와 수많은 조언—그 많은 것은 나의 능력을 상회하고 있으며 이따금 나를 혼란에 빠뜨렸다—이 없었다면 이 책이 이와 같은 형태로 완성될 수 없었으리라고 생각한다.

그리고 기억의 나누어 갖기라는 문제를 우리가 나누어 가져야만 할 것으로 절망의 밑바닥에서 건네주고 있는 여러분에게 나는 한 걸음이라도 그들 쪽으로 근접한 것일까. 나의 이 미미한 걸음을 그들은 과연 언제까지 기다려줄 것인가.

마지막으로 『기억·서사』를 둘러싼 이 작은 책을 두 살배기 딸을 남기고 30대 중반에 세상을 떠난 스기노 준杉野惇의 기억에 바친다.

2000년 1월

오카 마리

옮긴이의 말

『기억·서사』는 자신의 의지와 상관없이 도래하는 폭력적 사건의 기억 때문에 현재의 삶을 고통 속에서 살아가는 사람들의 문제를 다루고 있다. 그들은 왜 과거 폭력적 사건의 수인囚人이 된 채 사회 밖 '타자'로 고통스러운 삶을 영위할 수밖에 없는가, 그들을 고통스러운 기억의 감옥에서 놓여나게 하려면 어찌해야 하는가의 물음을 던지고, 이에 대한 해답의 실마리를 소설, 영화, 르포르타주 등 다양한 장르의 서사 비평을 통해 모색해보고자 하는 의도를 담고 있다.

저자 오카 마리는 이 물음들에 대해 간명하지만 다소 식상하게 느껴질 수 있는 답을 제시하고 있다. 과거 사건의 폭력성으로 인해 정신적 외상을 입고 '타자'의 삶을 사는 이들이 기억의 감옥에서 벗어나려면 그들과 동시대를 살아가는 '우리'가 그들이 겪은 폭력적 사건의 기억을 '분유分有'해야 한다는 것이 이 책에서 저자가 서사 비평의 우회로를 거쳐 말하자고 한 핵심 논지다. 이는 보통 상식을 가진 독자라면 누구라도 수긍할 법한 주장이기에 의외성을 보여주지만 아무런 예고 없이 신체를 통해 회귀하는 사건의 폭력성에 그대로 노출되어 고통을 겪을 수밖에 없는 사람들의 처지에 대한 공고공감(共苦共感)의 사고 지평을 넓히는 것이 우리 시대의 과제임을 저자는 이 책에서 일관되게 강조하고 있다.

그러나 '타자'가 겪은 폭력적 사건의 기억을 '우리'가 나누어 갖기란 말처럼 쉬운 일이 아니다. 그들이 겪는 고통을 '분유'하기 위해서는 넘어서야만 하지만 넘어서기가 녹록하지 않은 현실적인 난관이 적지 않기 때문이다. 그중 하나로 저자가 꼽고 있는 것이 과거 폭력적 사건의 사실 자체를 부정하는 역사수정주의 언설이다. 과거 폭력적 사건의 진실을 온몸으로 '증언'하는 희생자들이 존재하고 있음에도 불구하고 역사수정주의는 망각의 정치학을 획책하며 그 영향력을 넓혀나가고 있다. 일본의 극우 세력이 생산한 역사수정주의 언설을 전유하여 과거 일본 제국주의가 강제 동원한 일본군 위안부 여성의 고통스러운 기억을 자의적으로 왜곡하는 집단이 점점 더 세력을 확장하고 있는 작금의 현실이 이를 증명하고 있다.

과거 폭력적 사건에 대한 기억의 '분유'를 가로막는 장해물은 비단 역사수정주의 언설만이 아니다. 저자가 스티븐 스필버그 감독의 〈라이언 일병 구하기〉, 발자크의 단편소설 「아듀」 등의 비판적 분석을 통해 밝히고 있듯이 과거 폭력적 사건을 될 수 있는 한 완벽하게 재현, 표상하려는 리얼리즘적 욕망도 망각의 정치학을 부추겨 기억의 '분유'를 가로막는 장해물로 작용하고 있다. 특히 이 리얼리즘적 욕망은 전쟁이나 재난과 같은 폭력적 상황으로 인해 무의미하게 죽임을 당한 수많은 이의 죽음에 거짓된 의미를 들씌우는 기만적인 서사를 각종 미디어를 통해 재생산해냄으로써 사건의 폭력성에 희생된 '타자'의 목소리를 억압하고 '우리'가 사건 내부의 진실에 다가가는 길을 사전에 봉쇄하는 효과를 낳고 있다는 점에서 문제적이다.

이처럼 사회 각 영역에서 다양한 방식으로 작동하고 있는 망각의 정치학으로 말미암아 '우리'가 '타자'의 신체에 회귀하는 폭력적 사건의 기억을 나누어 갖기란 결코 쉽지 않다. 이 책에서 저자가 사건의 표상 불가능성을 반복하여 문제삼는 까닭이 여기에 있다. 그렇다면 사건의 표상 불가능성을 넘어 '타자'가 겪은 폭력적 사건의 기억을 나누어 가질 수 있는 길은 무엇인가. 이와 관련하여 이 책이 '타자'가 겪은 폭력적 사건의 표상 불가능성을 문제화하는 과정에서 내셔널리즘을 일관되게 비판하고 있다는 점에 주목해볼 필요가 있다.

내셔널리즘이란 '우리'와 '타자' 사이의 경계를 긋고 '타자'를 배제함으로써 '우리'의 일상적 의식을 '조국'이라는 경계 안에 귀속하려는 일체의 문화적 실천 행위를 포괄하는 말이다. 바로 이런 내셔널리즘의 욕망이 타자를 침묵하게 만들고 그들이 경험한 폭력적 사건의 기억을 자의적으로 재현, 표상하게 만든다. 곧 망각의 정치학이란 내셔널리즘 욕망에 의해 추동된다고 할 수 있다. 그런 까닭에 침묵을 강요당한 '타자'의 고통스러운 삶은 명징한 언어로는 표현되지 못하고 몸짓과 표정을 통해 흔적의 서사로만 드러날 수밖에 없다. 이런 맥락에서 저자가 강조하는 것이 고통스러운 흔적의 서사에 대한 이해 가능성이다. 그리고 사건 외부의 '우리'가 그것을 이해하기 위한 조건으로 내셔널리즘의 미망을 벗어난 장소, 즉 조국에 귀속되지 않고 귀속될 수도 없는 '난민'적 삶의 위치에 서야 함을 역설하고 있다. 그럴 때 '우리'가 '타자'가 경험한 폭력적 사건의 기억을 '분유'할 수 있는 길이 열릴 수 있음을 저자는 말하고 있는 것이다.

언제부터인가 과거 국가 권력이 자행한 수많은 폭력적 사건의 해결을 요구하는 목소리가 우리 사회 곳곳에서 봇물 터지듯 분출하고 있다. 이는 우리 근현대의 역사가 부당한 공적 폭력에 의해 얼룩졌다는 것, 그리고 그 폭력의 기억으로 인해 여전히 고통받고 있는 이들이 많다는 사실을 반증한다. 그런 점에서 『기억·서사』는 우리 사회에서 치유되지 못한 채 아직도 해결을 기다리는 과거 폭력적 사건의 기억을 어떻게 이해할 것인가라는 문제의 해법을 모색하는 데 시사하는 바가 적지 않으리라 생각한다.

첫 번역 출간 이후 20여 년 만에 출판사를 달리하여 새로 번역한 책을 내게 되었다. 다시 읽다보니 여러 군데서 결정적 오역이 있음을 발견하여 바로잡고자 했다. 아울러 이 책의 이해를 돕기 위해 참고로 첨가했던 사진들과 많은 옮긴이주를 과감히 덜어냈다. 첫 출간 때와 정보 검색 환경이 많이 달라진 터라 그것이 오히려 책의 가독성을 떨어뜨릴 수 있다고 판단했기 때문이다. 하지만 저자가 이 책에서 전달하고자 한 뜻을 제대로 살려 옮겼다고 말하기에는 여전히 주저할 수밖에 없다. 첫 번역 출간 때도 그러했지만 다시 읽어도 번역자로서

능력의 한계를 절감할 따름이다. 끝으로 이 번역서가 새롭게 출간될 수 있도록 배려해주신 교유당 대표 신정민님과 흠결 많은 이 번역서가 제 모습을 갖추도록 애써주신 편집자 박민영님께 감사의 마음을 전한다.

2024년 2월

김병구

지은이 **오카 마리**

1960년생. 도쿄외국어대학 대학원 석사 과정 수료. 현대아랍문학, 제3세계 페미니즘사상 전공. 교토대학 대학원 인간·환경학연구과 교수이자 교토대학 명예교수이다.

저서로『그녀의 '정확한' 이름이란 무엇인가』(靑年社, 2000), 공저로『내셔널리즘과 '위안부' 문제』(靑木書店, 1998), 『성·폭력·네이션』(勁草書房, 1998), 『'남쪽'의 관점에서 본 세계-04 중동』(大月書店, 1999) 등이 있으며, 논문으로 「어머니의 중얼거림 또는 '시민'일 수 없는 자의 민주주의」(〈월간 포럼〉 1997. 8), 「Message in a Rolling Pumpkin 응답한다는 것에 대해」(〈現代思想〉 1997), 「'이급독자' 또는 '읽기'의 정통성에 대해」(〈思想〉 1998. 4) 등이 있다.

옮긴이 **김병구**

충북 영동에서 태어나 서울에서 성장했다. 서강대학교 국어국문학과에 진학하여 석사와 박사 학위를 받았고, 2005년 숙명여자대학교 기초교양대학 교수에 임용되어 현재까지 학생들을 가르치고 있다.

저서로『식민지 시대 민족 계몽 담론과 근대 장편소설의 탈식민성 연구』(2017)가 있고, 공저로『현대소설 플롯의 시학』(1999), 『최서해 문학의 재조명』(2002), 『조선적인 것의 형성과 근대문화담론』(2007) 등이 있다.
이메일 kkbg58@sookmyung.ac.kr

기억·서사

초판 1쇄 발행 2024년 3월 20일
초판 3쇄 발행 2024년 4월 16일

지은이 오카 마리 | 옮긴이 김병구

기획 정윤희 | 편집 박민영 이고호 | 디자인 박현민 | 마케팅 김선진
브랜딩 함유지 함근아 고보미 박민재 김희숙 박다솔 조다현 정승민 배진성
저작권 박지영 형소진 최은진 서연주 오서영 | 제작 강신은 김동욱 이순호
모니터 이원주 | 인쇄 한영문화사 | 제본 신안문화사

펴낸곳 ㈜교유당 | 펴낸이 신정민
출판등록 2019년 5월 24일 제406-2019-000052호

주소 10881 경기도 파주시 회동길 210
문의전화 031.955.8891(마케팅) 031.955.2680(편집) 031.955.8855(팩스)
전자우편 gyoyudang@munhak.com

인스타그램 @gyoyu_books | 트위터 @gyoyu_books | 페이스북 @gyoyubooks

ISBN 979-11-93710-21-0 03300